U0552129

PROJECT-BASED LEARNING ACROSS THE DISCIPLINES

跨学科
项目式教学

通过"+1"教学法进行计划、管理和评估

[美] 阿卡西娅·M. 沃伦 Acacia M. Warren 著

Plan, Manage, and Assess Through +1 Pedagogy

中国青年出版社
CHINA YOUTH PRESS

图书在版编目（CIP）数据

跨学科项目式教学：通过"+1"教学法进行计划、管理和评估/（美）阿卡西娅·M.沃伦著；孙明玉，刘白玉译.—北京：中国青年出版社，2020.9

书名原文：Project-Based Learning Across the Disciplines: Plan, Manage, and Assess Through +1 Pedagogy

ISBN 978-7-5153-6108-6

Ⅰ.①跨… Ⅱ.①阿…②孙…③刘… Ⅲ.①教学法 Ⅳ.①G424.1

中国版本图书馆CIP数据核字（2020）第125222号

Project-Based Learning Across the Disciplines: Plan, Manage, and Assess Through +1 Pedagogy
Copyright © 2016 by Acacia M. Warren.
This Translation is published by arrangement with Corwin Press, Inc. (a SAGE Publications, Inc. company).
Simplified Chinese translation copyright © 2020 by China Youth Press
All Rights Reserved.

跨学科项目式教学：通过"+1"教学法进行计划、管理和评估

作　　者：	［美］阿卡西娅·M.沃伦
译　　者：	孙明玉　刘白玉
责任编辑：	肖　佳
文字编辑：	岳明园
美术编辑：	杜雨萃
出　　版：	中国青年出版社
发　　行：	北京中青文文化传媒有限公司
电　　话：	010-65511272/65516873
公司网址：	www.cyb.com.cn
购书网址：	zqwts.tmall.com
印　　刷：	大厂回族自治县益利印刷有限公司
版　　次：	2020年9月第1版
印　　次：	2024年8月第10次印刷
开　　本：	787mm×1092mm　1/16
字　　数：	204千字
印　　张：	16.5
京权图字：	01-2019-5983
书　　号：	ISBN 978-7-5153-6108-6
定　　价：	49.00元

版权声明

未经出版人事先书面许可，对本出版物的任何部分不得以任何方式或途径复制或传播，包括但不限于复印、录制、录音，或通过任何数据库、在线信息、数字化产品或可检索的系统。

中青版图书，版权所有，盗版必究

各方赞誉

我们正处于教育史上的关键时期:人们关心教育的不平等、可及性,和政治权威人士所提及的弥合成就差距,这些可怕的言论一致集中在我们当前的教育实践在某种程度上并没有培养我们的学生成为具有分析能力的批判性思考者。因此,《跨学科项目式教学》对项目式学习做出了不可磨灭的贡献。

沃伦博士敏锐地提出了如何引导我们的学生成为具有团队协作能力的自主学习者,这些能力在全球化经济背景下也是不可或缺的。对于教育者来说,书中描述的课程、活动和资源消除了学生在学习中的臆测,为他们提供了创造性和个性化的空间。这本书有许许多多的主题思想,超越了单纯的跨学科对话,同时也为学生提供了成为不同的创造者的路线图。此书以批判性的眼光看待学生能做出哪些积极的贡献,不仅是对他们身边的邻居,而且是对他们所在的社会和国家。

——露丝·布朗,英语语言文学/英语语言系教师
加利福尼亚州威明顿市洛杉矶联合学区哈利·布里奇斯·斯潘学校

这正是我梦寐以求的书。在本书中,沃伦博士清晰地列出了21世纪课堂进行项目式教学的框架——"+1"教学法,介绍了作为教师的我所渴求的更

高层次的教与学,以及我希望我自己的孩子学习的方式。

——安德瑞娜·克拉克,小学教师

夏威夷州卡哈市卡哈小学

作为中学校长,我发现,"+1"教学法通过给教师提供有力的指导工具让学生参与到项目式学习中,提升了教师的教学能力。沃伦博士的这部书循序渐进地创建了一种以项目式学习为导向、学习气氛浓厚的课堂。对于学校管理者来说,这是一本必读的书。

我们在推广STEAM/STEM教育项目时,参照沃伦博士在本书中对项目式学习的指导,努力工作、甘于奉献,取得了很大进展。她在书中提供的框架和模型使我们能够利用这些知识通过项目为从体育到艺术等所有学科的教师和学生提供支持,而这些项目是跨学科内容领域进行有效指导的范例。这本书通过提供教师可用的跨学科框架和规则,帮助所有的教学单位协同工作。

本书最有价值的部分是提供的示例框架,因为它们包含了将学生需要掌握的重要标准完美转化为学生探究、活动、表达、评估和反思的方式。简单地说,"+1"教学法允许教师让学生创造、讨论、设计和展示对教学内容的掌握程度,通过创建项目,让学生为接受高等教育和就业做好准备。了不起!

"+1"教学法为学校打造帮助学生达到21世纪要求的学习环境建立了基础。谢谢你,阿卡西娅·沃伦!你为参与"项目式学习"教学项目的老师和学生提供了丰富的工具,这些工具不仅非常有价值,而且非常实用。

——大卫·赫雷拉,校长

加利福尼亚州康普顿市企业中学

一个有效的数学项目要求学生们通过真实环境共同理解和推理有意义的数学。尽管通过项目式学习,可以实现将数学与21世纪的现实情况联系起来的巨大挑战,但由于它很难实施,许多数学老师还没有掌握这种方法。沃伦博士撰写的《跨学科项目式教学》提供了宝贵的框架和实践资源,通过整合高认知要求的任务,解决项目式学习的管理和组织、技术实施以及数学教学实践等问题。任何期望实现有效教学和管理的数学教师和管理者,都应该把"+1"教学法作为他们日常计划的关键部分。

——特拉维斯·L.奥尔登,中学数学协调员
加利福尼亚州旧金山市地方中心校区洛杉矶市联合学区

与教学法相关的理论和方法很多,但是"+1"教学法综合了这些方法,培养了一种健康的学习习惯。阿卡西娅·沃伦博士牺牲了自己的时间和精力来改革教师和学生的课程和教学学习方法。这本书旨在为学生提供不关乎社会经济地位的相同水平的受教育机会,让他们参与自己感兴趣的主题,从而更乐于学习。

伟大的教育者是终身学习者,《跨学科项目式教学》给我们提供了一系列的方法,帮助我们解决现代社会面临的一个最重要的问题:如何帮助老师和学生在未来的课堂上取得成功。

——约翰·W.霍顿三世,英语教师
日本东京立教池袋中学校·高等学校

全国的教育工作者都相信项目式学习的作用,"+1"教学法将这一信念付诸行动。它是一个对于21世纪的教师和学习者来说都必不可少的改革框架。

——妮可·雅各布森,教育学博士,副校长
加利福尼亚州加登格罗夫市威斯敏斯特学区

阿卡西娅·沃伦博士撰写了一部杰出的作品,不仅能够提高教师的教学

水平，而且能够改善所有学生的学习生活。她一直是一位深思熟虑的实践者，她的研究确保了未来的课堂更为精准而有针对性。她运用教学理论的研究、教学规范和理论框架，为教师提供了有效的途径，使他们不仅能为自己创造丰富的教学经验，而且确保他们为21世纪的新变化做好准备。沃伦博士为创建教学法所提供的清晰指南将为未来几年的教育领域提供有价值的指导。

——安东尼娅·伊萨·拉赫拉，教育学博士，
学校领导力项目协调人，计算机辅助二语习得研究中心主任，
国际标准关联标识符项目经理
加利福尼亚州多明格兹岗市加利福尼亚州立大学多明格兹岗分校

此书是一部创新的、跨学科的教学指南。学校将重新思考项目式学习，学习如何将21世纪所需的基本能力——调查、应用、合作和研究技能——无缝地整合到他们的课程设计中，并让学生为应对全球竞争的严峻挑战做好准备！

——唐娜·斯图尔特·刘易斯，教育学博士，法学博士，
创始人、首席执行官
加利福尼亚州伍德兰希尔斯市民族精神学院

这是一部经过充分研究和精心撰写的实施"+1"教学法的指南，包括循序渐进的指导原则、模板、指导问题和其他教学资源，并为教师提供了成功实施"+1"教学法的必要工具。此外，她清晰的文字和示例使这部书成为极具价值的资源库。在这部书的指导下，我感到自己可以轻松地把"+1"教学法应用到我的教学中。

——塔拉·温柏瑞·利特，五年级教师
加利福尼亚州比弗利山市比弗利山联合学区

在关于项目式学习的论述中，沃伦博士完成了一部了不起的著作，对21世纪及未来的教育都至关重要。她的"+1"教学法理念是经过实践检验、成熟可靠的，为教育工作者提供了宝贵的资源。作为一名音乐高等教育工作者和在线教师，我赞赏她展现出的跨越学科间鸿沟的热情和娴熟处理技术和艺术的能力。沃伦博士慷慨地提供了一个能够立即应用的通用框架，并进一步激励我们走向伟大。好极了！

——大卫·肖恩·瓦尔卡希尔，管理学硕士，音乐教师，
《摇滚乐历史课资源包》作者
加利福尼亚州圣贝纳迪诺谷市圣贝纳迪诺谷学院

作为一名学生，我总是问这样一个问题：为什么？为什么这项作业很重要，它对我有什么好处，我怎样才能成功地完成它？此书中展示的指导性演示和模板帮助我理解了项目的目的，消除了困惑。我清楚地知道了自己需要研究什么，以及如何完成研究。如果有更多的老师使用这种方法，他们将会帮助学生更有效地取得好成绩。我需要迎接挑战，为大学学习做好准备，而这种方法将帮助我实现这个目标。

——雅科美·威廉姆斯，九年级学生
加利福尼亚州都柏林市都柏林高中

此书中列举的课程和内容要点非常清晰地描述了学生应当学习什么，并向他们展示了不同的学习方法，使得学生在展示自己的作业成果时更富有表现力。在项目式学习中，学生要学习的东西似乎很多，但是要完全理解这些学习内容，这样的学习量是恰如其分的。项目式学习技巧激励学生主动学习，而不是被动学习。主动学习对学生是个挑战，但却是最简单、

最有效的教学方法。

——伊恩·布鲁尔，十年级学生

加利福尼亚州旧金山市圣心主教预备高中

Contents 目录

序　言	013
玛丽亚·G.奥特博士作序	
致　谢	015
关于作者	019
前　言	022
本书写作目的	024
本书主要内容	024
如何使用本书	026

第一部分　计划

第一章　认识"+1"教学法　029

什么是"+1"教学法	033
什么是项目式学习	033
项目式学习的意义与目的	034
一般项目与"+1"教学法的项目	036
基于学生背景设计学习体验	038
实施"+1"教学法的常见问题	039
制定行动计划	042
计划要以终为始	043
"+1"教学法的哲学和心理学理论	044
"+1"教学法的12个基本要素	045
围绕"+1"教学法开展教师职业技能培训	048
小结和本章关键词	051

第二章　通过"+1"教学法计划项目式学习 053

要点1：计划学习项目可参考的准则和标准　055

为什么要有参考标准 / 058

语言文学与数学教育标准 / 058

科学与工程学教育标准 / 065

历史与社会科学教育标准 / 068

体育教育标准 / 071

视觉和表演艺术标准 / 072

练习与实践 / 075

要点2：主题选择和大概念汇总　076

项目主题的选择 / 077

练习与实践 / 079

如何让学生有动力完成项目 / 079

学生需要掌握的大概念 / 081

练习与实践 / 082

要点3：普适性概念和关键问题　083

对加深学生理解有帮助的普适性概念 / 083

练习与实践 / 087

构成学习主题的关键问题 / 088

练习与实践 / 092

小结和本章关键词　093

第二部分 管理

第三章　通过"+1"教学法管理项目式学习　097

要点4：项目目标制定　098

练习与实践 / 100

要点5：针对性探究、学习活动和调查（研究）　101

针对性探究 / 102

练习与实践 / 105

学习活动 / 106

练习与实践 / 110

项目管理 / 111

调查（研究）/ 116

练习与实践 / 124

小结和本章关键词　129

第四章　对实施项目式教学有助益的技术　131

衡量技术有效性的SAMR模型　132

数字化教学　133

"+1"教学法与数字化教学　135

云管理系统　136

学习管理系统　148

社交媒体　151

应用软件　155

在没有技术支持的情况下实施"+1"教学法　156

小结和本章关键词　158

第三部分 评估

第五章 通过"+1"教学法评估项目式学习 163

完善责任机制 164

形成性评价和终结性评价 168

以计算机技术为基础的评估 170

要点6：提出建议、项目展示 173

    学生根据调查、研究发现提出建议 / 173

    练习与实践 / 174

    学生通过演讲对项目成果进行展示 / 177

    练习与实践 / 182

要点7：写作评估、反思与承诺 185

    学生基于研究发现完成写作任务 / 186

    练习与实践 / 191

    教师对学生项目进行评分与分级 / 192

    学生对项目进行反思，并做出承诺 / 206

    练习与实践 / 207

学生需要掌握的21世纪技能 215

差异化教学与"+1"教学法 216

小结和本章关键词 218

第六章 对"+1"教学法的一些思考 221

自我评价 222

    21世纪教师和管理者技能清单 / 222

    思维模式 / 226

    书末思考 / 227

本章关键词 228

附录 A 视觉和表演艺术学科教育标准 229

附录 B 单元计划模板及可用资源 233

Foreword
序　言

21世纪，学习者带着各不相同的技能、兴趣和学习需求在传统的实体教室中学习。在这本书中，阿卡西娅·沃伦博士给教育工作者提供了必要的工具，为伴随着科技进步而长大的学生架起了学习的桥梁。技术的发展，使学生的学习不再局限于教室。沃伦博士介绍的工具和教学方法改变了受物理空间限制的传统教学模式。她的书富有洞察力，非常实用，解决了包括共同核心标准在内的新课程要求带来的挑战，帮助教师掌握通向伟大教学、促进有针对性的学习的必要步骤。

沃伦博士将她的学习模式描述为通向21世纪技能的桥梁。她的教学方法方便使用，并为理解当前教育环境中的项目式学习的重要性提供了历史背景。学习者是整个过程的中心，他们通过实践和体验来获得学习成果。沃伦博士利用技术工具，来挖掘自主学习中固有的交流和解决问题的能力。她引入了"+1"教学法，把它作为一个跨学科的框架来支持教育者实施跨学科项目式教学。她整合了21世纪的教学工具，将教育者的角色转化为引导者和设计师，并通过学生自我指导、整合所学知识解决问题来激发学习者的潜力。

项目式学习对教育者来说并不新鲜。然而，在一个充满标准和评估的时代中，教师们面临找到合适的方法进行课程整合的挑战。沃伦博士的

"+1"教学法提供了解决此类问题的宝贵方案，并将重点从死记硬背知识转移到解决方案的创建和新信息的创造。

在本书中，阿卡西娅·沃伦博士展示了如何在富有决心、对学生负责的专业教师的指导下，设计和实施21世纪的课程教学，以促进学习真实发生。教师通过解决复杂问题的任务，如研究、合作、展示和反思等，来指导学生。学生学习研究和利用技术作为加速获取知识的工具。

沃伦博士呼吁教育工作者取消人为设限，因为刻板学习限制了学生的潜力。她梦想着，学生在经验丰富的教师的指导下成为独立的学习者。这些有经验的教师能够促进整个课程之间的联系。她在本书中描述了熟练运用项目式学习法的步骤。教师定期对课程的目的和结果进行反思；学生学会提出与自己的项目相关的建议，并根据研究和观察的结果来调整自己的学习。

使用"+1"教学法的教室是一个充满活力的地方，它超越了教室砖墙的限制。这样的教室是一个生活在21世纪的学习者最大限度地发挥潜力的地方。在这里，学习者具有无限的可能性，他们创造、发明、探索并解决与世界紧密相连的、复杂且具有挑战性的问题。沃伦博士设计出了让学习者步入通向21世纪技能、技术和成就的桥梁。

2013年，阿卡西娅·沃伦博士在中国北京进行访学时，站在长城的台阶上，好奇宇航员在太空绕地球轨道飞行时能否看到这个人工造物。在这个科技、灵感和发明的时代，她思考如何让年轻人做好准备，迎接挑战，创造21世纪世界的奇迹。她展望了教育方面取得的成就，试图通过新的教学方式加速这一进程，从而为所有学生带来学业突破。她的"+1"教学法的美好愿景扎根于长城，而本书则是搭建了通向这一愿景的桥梁。

玛丽亚·G. 奥特，哲学博士

南加州大学罗西尔教育学院临床教育学教授

《一个文化发达的社会从学校开始：领导公平》一书的合著者

Acknowledgments
致 谢

  此书有两位名誉合著者——我的丈夫、也是我最好的朋友戴尔文·沃伦,以及我的双胞胎妹妹、也是我最好的朋友福恩·哈顿。他们对我的才能和专业知识给了同样的珍视和赞赏,并提出了诚实的、富有建设性的批评建议,在整个写作过程中给我启迪和鼓励,对我的想法倾听和打磨,并认真地阅读了我海量草稿中的每一页。感谢戴尔文的进取精神、抱负、艺术才华和积极乐观。感谢福恩(和她的丈夫大卫)对我的指导,对我始终如一的支持,并确保我一直坚持写作,直到整本书完成。感谢我的父母,埃利奥特·C. 奥斯本博士和索尼娅·M. 奥斯本,感谢他们在教学和学习方面宝贵的专业知识,感谢他们熬夜阅读,给我提供反馈。感谢我的公公、婆婆,查尔斯·沃伦和欧内斯廷·沃伦,感谢他们的耐心、支持和积极的鼓励。感谢我的弟弟梅什·奥斯本(中学体育教师、教练)和他的妻子布伦达·弗洛雷斯·奥斯本,他们在本书的写作过程中也起到了很大的积极作用。感谢他们竭尽所能地帮助我,甚至为了让我在写作时休息一会儿,让我乘坐他们的小船观光。感谢我的另外两个姐妹,凯夏·戴维斯和布蕾尼丝·奥斯本,感谢她们理解我对教育的热情,并在我需要时与我分享资源、提供建议。

  我特别感谢玛丽亚·G. 奥特博士指导我出版此书的流程。无论白天还是晚上，她对我的邮件的回复都是完美的。我感谢她为我的出版之旅指明了道路，并使我心情平和。她的智慧、善良和领导才能确实令人欣赏。就我个人而言，一起攀登长城是一段难忘的经历，我将永远珍惜：每当我想起这段回忆，都会忍不住微笑。

每隔一段时间，一位特别的同事就会为我的灵感带来新的生机、活力和支持。这位特别的同事不是别人，正是妮可·雅各布森博士。我感谢她阅读了我初稿的每一页，并提供了可行的反馈。她在数学上的技能和专业能力影响了本书从船舶营运、过山车到著名画家等每一个单元示例。我还要感谢她的丈夫迈克和两个孩子杰克和雷切尔，感谢他们允许我"借用"她的时间得到建议和写作指导。我和妮可的友谊是无法用言语来表达的，我为能在她身边工作而感到骄傲。

如果我没有感谢洛杉矶联合学区（LAUSD）大家庭，那就是我的失职了。不管媒体如何描述，他们的奉献、坚韧、灵活和专业都说明了一切。希望本书能展现出洛杉矶联合学区的优点，并激励其他作者去发表有关这个学区的文章或出版著作。当你隶属于美国第二大联合学区时，你会见到优秀的人才、可贵的多样性和无数的教育工作者。在本书的创作过程中，洛杉矶联合学区的很多同事对本书做出了特别的贡献，他们是：特拉维斯·L.奥尔登，张雯雯，大卫·冈萨雷斯，约瑟夫·埃利亚斯，詹姆斯·森特诺，柏妮丝·卡安，利·安·奥尔，索尼娅·瓦格斯，丹尼斯·佩雷亚博士，露丝·布朗。在我的求学之旅中，我深深地感谢那些曾经给我指导的个人导师：朱莉·拉乌，苏珊·A.凡·布伦，詹妮弗·斯卡尔，麦林·开坡，大卫·巴卡，安吉拉·特纳特，杰瑞德·度普里博士，琳达·李博士，伊莎贝尔·尼诺。我以前的中学协调员团队对我的专业成长同样重要，感谢我的同事达尔马·赫尔南德斯，翟米·克拉特，埃里克·格罗，托亚·塔特-露丝，吉娜·伍尔彻，迈克尔·斯旺斯顿，尼古拉斯·迈兹，劳拉·卡瓦利。我也向我们当地的教育局长罗伯托·A.马丁内斯致敬，他是一位把学生放在第一位、富有魅力的模范领导者。我也很感谢本地区教育行政人员和校长：纳蒂维达德·罗萨，达尼斯·威廉姆斯博士，弗朗西斯·吉普森博士，戴维·德弗罗，卢·玛德斯，肯德拉·华莱士，詹姆斯·唐宁三世博士，琳达·麦克莱伦，他们给了我与这些优秀的人共事的机会。

我真诚地感谢那些启发和激励我去突破极限的人。首先感谢史黛丝·诺克斯。在整个洛杉矶市，他的建议和专业知识无疑是最好的。感谢他给我介绍了"新词汇"，并对教师职业给予了最高的赞扬。我还要对蒂姆·埃斯波西托博士（和他的办公室工作人员）表示衷心的感谢，感谢他在我打字无数小时后仍然让我排版"整齐"。感谢大卫·埃雷拉，他的领导才能、激情和足智多谋令人钦佩。特别感谢有才华的网站设计师和平面艺术家们：阿兰·阿米霍，黛布拉·布拉德菲尔德，莫内塔·斯科特，德鲁·路易斯，正是由于他们的贡献和支持，这本书才得以出版。我也感谢以下朋友和熟人给我的"额外鼓励"：唐德·乔治-泰，迈克尔·昌纳基，莫利·斯卡尔，乔治·L.布兰肯斯帕三世博士，阿莎·卡玛丽·梅，阿兰·克拉克，安德瑞娜·克拉克，乌佐马·奥克罗，梅勒尼·奥克罗博士，努尔·米切尔，菲利斯·米切尔，甄妮莎·巴尔纳夫，拉尔夫·诺尔斯，乔治·布鲁尔，瑟瑞萨·布鲁尔，罗德尼·潘普希尔，道恩·阿奇诺·潘普希尔，洛厄尔·亨利，以及我特别喜欢的魔术师——约翰·乔治。我感谢以下几位教授对我的教育实践的影响：保罗·格林博士，黛拉·佩雷蒂博士，保罗·阿蒙博士，安东尼娅·伊萨·拉赫拉博士，卢迪·克鲁博士，肯尼斯·耶茨博士，朱莉·玛什博士，R.J.帕特·加拉格尔博士，吉伯特·恒斯克博士，桑德拉·卡普兰博士。他们在教育领域的专业知识和领导能力值得高度赞扬，他们的智慧激发了我教学、领导和著书的欲望，从而写下这本开启教学规范讨论的书。

最后，我要感谢杰西卡·阿兰，感谢她信任我这样一位具有创新思想的新作者。我非常感谢科温编辑团队的不懈努力和高质量的工作。如果没有他们，就不可能完成此书。他们的真诚与高效的工作支持我完成此书的出版。

出版社致谢

科温出版社（Corwin）衷心感谢以下审稿人的贡献：

（1）马西娅·卡尔森，弗吉尼亚州克莱夫市克雷斯特维尤调查学校六年级教师。

（2）弗兰克·齐基，新墨西哥州阿尔布开克市朱妮小学校长。

（3）玛丽·盖茨，马萨诸塞州米德尔博罗市亨利·B. 伯克兰小学K-5指导教练。

（4）苏珊·利兹，佛罗里达州冬季公园高中资优教育专家。

（5）苏珊·E. 希佩尔，新泽西州帕尔米拉查尔斯街学校小学教师。

（6）托马斯·希兰，纽约州萨拉托加温泉市萨拉托加温泉市学校科学教师。

（7）玛里琳·斯特内肯博士，新泽西州斯巴达市斯巴达中学科学教师。

（8）萨拉·斯图尔特–莱迪亚德，内华达州瓦肖县瓦肖县学区21世纪学习指导教练。

（9）查·托德，阿拉斯加州克罗塞特市克罗塞特中学科学老师。

（10）科琳·温克勒，洛杉矶市肯纳县洛杉矶肯纳城堡庄园学校K-8年级负责人。

About the Author

关于作者

阿卡西娅·M.沃伦,教育博士,目前是洛杉矶联合学区(LAUSD)的一名副校长,在那里她担任过教师、教练、资优和天才教育(GATE)协调员、干预专家、共同核心课程协调员和地区协调员。她在促进学校的专业发展、促进学生跨学科阅读能力、课程规划和课程设计以及将技术与教学实践相结合等方面拥有广泛的专业知识。沃伦博士热衷于为教师和其他教育工作者提供方法和工具,让教师在课堂上获得更多成就,并为管理者提供了达到这一目的的方法。沃伦博士还是阿卡西娅大树教育服务公司的总裁,该公司是一家教育咨询公司,致力于项目式学习、技术整合教学、专业发展和全球竞争力。

沃伦博士于加州大学河滨分校获得文学学士学位,于加州大学伯克利分校获得文学硕士学位和教师资格证,于加州州立大学多明格兹岗分校获得另一个文学硕士学位,并在南加州大学获得教育学博士学位。她将自己在教育事业和学术上取得的成就归功于自己的母校,并对所有组织机构提供的知识、研究和网络中的机会表示感谢。读者可以通过教育网站www.acaciatreelearning.com联系沃伦博士,该网站同时提供本书内容的数字资源。

献给我的父母，埃利奥特·C.奥斯本博士和索尼娅·M.奥斯本。

感谢你们在自己的教室里第一次为我树立伟大教学的榜样，
感谢你们支持我获得四个大学学位，
感谢你们一直鼓励我胸怀大志。

这本书也献给这个星球上的每一位教师。
你们的激情、创新和奉献每天都在激励着我。
下面这首诗是为纪念你们而写的：

我是一名教师

我是一名教师

是信徒

是思想家

也是哲学家

我是一名教师

是创造者

是设计师

也是建筑师

我是一名教师

是协调者

是管理者

也是合作者

我是一名教师

是计算者

是问题解决者

也是行为规范者

我是一名教师
是社会工作者
是看护者
也是咨询师

我是一名教师
是警官
是消防员
也是医生

我是一名教师
是律师
是辩手
也是谈判者

我是一名教师
是传承者
是征服者
也是幸存者

我是一名教师

——阿卡西娅·M. 沃伦，写于2014年

Introduction
前　言

  投资于教育就是对我们未来的投资。如果期待从这一投资中获得优厚的回报，就需要特别关注课程与教学、职业发展和领导力。本书的重要性正是源于十多年来对这些原则进行完善的经验。我的教学生涯始于奥克兰联合校区，在那里，我很早就对课程规划与设计产生了兴趣。我精心制定教学计划，花很多时间设计教学模板和习题活页，参加校区内外举行的会议，充分利用机会进行教师职业发展。虽然那时我刚走上讲台，但是已经意识到自己需要通过职业技能培训来提升教学实践能力。我对于教师职业技能培训中与课堂教学息息相关的理念和思想尤为感兴趣，因为其关联性与应用性是理念和思想即时转化为实践的关键因素。

  在奥克兰执教两年以后，我接受了洛杉矶联合学区的教职。这段教学经历推动了我的教学生涯，提升了我的领导力，使我成为一名资优和天才教育与数据协调员、教学反应与干预的专家、共同核心的推动者和教学管理者。也正是这段教学经历，让我能够在不久后敏锐地意识到以跨学科模型通过"21世纪技能"提升学生学业水平的必要性，让我能够帮助推动众多教师和学校的职业发展。以上的这些经历，以及对于项目式学习的热情，促成了本书的出版。我迫切地感到，需要通过使用"+1"教学法，来运用课程规划、职业发展和领导力方面的专业知识与技能，而这本书的出版适时地满足了当前的课程要求，并为教育实践提供了范式。

当前的课程需求需要新的教学规范。学生面临着概念知识的深度学习、批判性思维技能的运用以及以计算机为媒介的技术的应用等多种挑战，而教师的任务是促进这一学习过程。如今的劳动力市场也对这类技能提出了同样的要求。许多工作要求大学学历、证书和一定的技能。基于以上原因，世界各地的学校都在进行教学改革，为未来的大学教育与职业发展做好准备。大学教育可以使学生受益，增加他们的就业机会。为了帮助学生满足这些要求，跨学科的学习方法变得至关重要。这种方法就是"+1"教学法，它可以通过21世纪技能增强学生的学习意识、提高学习成绩，培养青年在全球化经济中的竞争能力。"+1"教学法通过在教育中架起技术与创新之间的桥梁，为突破课堂上可能存在的限制提供了一个框架体系，这一框架可以激发学生潜能，转变教学方式，使教学更好地满足学生的学业需求和社交需求。

"+1"教学法是一种教学模式，通过"项目式学习"，提高学生的学习成绩。尽管项目式学习很受欢迎，但从我的亲身经历来看，它并不像人们想象的那么普及。虽然教师可以利用项目式学习的某些方面（如探究和调查）进行教学，但是他们仍需要学习更全面的模式。跨学科的"+1"教学法体系集成了各种技术，跨越了所有年级，适用于所有年龄段的学生和拥有不同兴趣爱好的学生。学生可以跨越任何学科，进行广泛主题的学习。"+1"教学法体系的主要组成部分包括真实的任务、调查、研究、21世纪技能、技术、问题解决、协作、写作、展示和反思等这些升学和就业所需的必备技能。这类内容的传授与全面而有针对性的教学使学生能够在课堂之外应用概念，从而促进他们的自我发展，帮助他们成为高效的行动研究者和具有竞争力的全球竞争者。

本书写作目的

本书旨在为教育工作者提供通过"+1"教学法进行项目式学习的计划、管理和评估方面的宝贵资源。为实现这一目标，我们需要通过一个实用指南来简化实施过程。本书为教育者提供了完成实施过程的路线图。你会发现，无论预算多寡、技术能力强弱、年级水平高低，本框架在所有层面上都是可行的。"+1"教学法的亮点之一，就是实践的低成本高效益。我们鼓励教育工作者使用他们已经拥有的资源以及本书提供的资源。为方便起见，我们在书中提供了进行探究与调查的具体策略和技术。当读完本书时，读者将完全有能力实施这一框架。图A是"+1"教学法的框架图，其余几章将对该图做出更加详细的解释。

存在太多这样的情况：教育工作者接触到新型的课程、教学实践和策略，但缺乏全面的教学实施行动指南。因此，本书特意设计了一个一站式模型，以促进和实施"+1"教学法。本书通过使用"我做你学"的方法，提升读者的教学能力。在展示完一个学习单元的示例时，请读者同时创建自己的学习单元；你也将通过一种叫作"思考—提问—转化应用"的策略学习本书的内容。这种用户友好型的策略有助于你将本书所学到的转化为课堂应用。读完本书，你就可以准备开始自己的"+1"教学法之旅，从头至尾理解项目式学习的过程。本书主要为中小学（K–12）教育工作者编写，但其策略和思想也同样适用于大学教师和家长。

本书主要内容

我坚信教师制定的计划的质量是教师教学表现和领导能力的反映。为实现目标、维持成效，必须制定行动计划。如果没有连贯一致的行动计划，教师可能无法实现教学目标，甚至会偏离原定的目标。另外，教育工作者

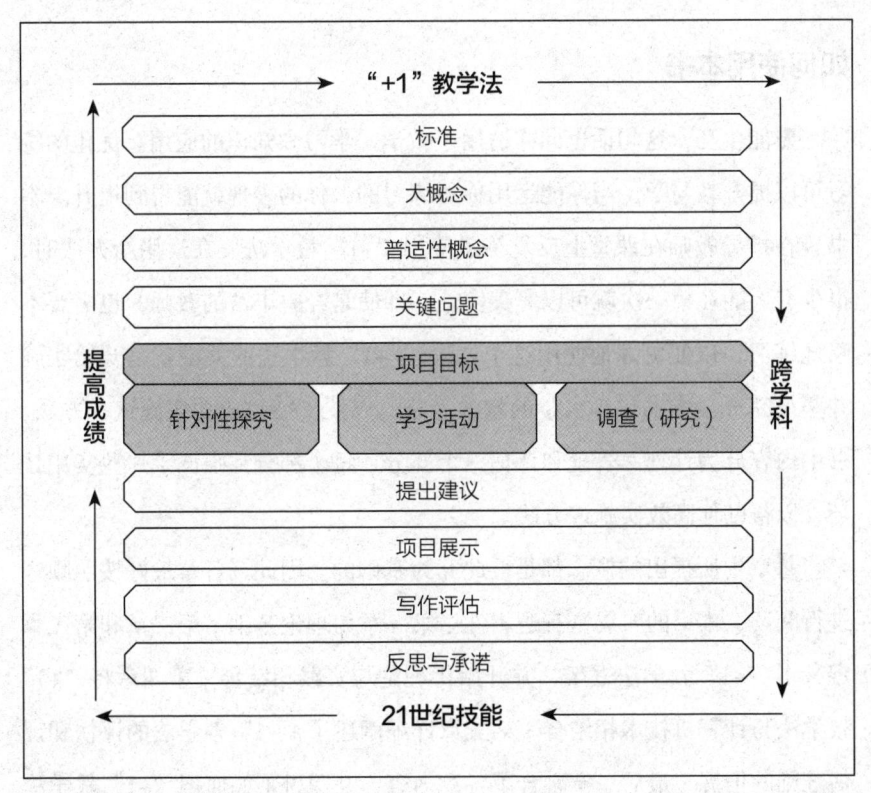

```
                    "+1"教学法
        ┌─────────────────────────────────┐
        │            标准                  │
        ├─────────────────────────────────┤
        │           大概念                 │
        ├─────────────────────────────────┤
        │          普适性概念              │
        ├─────────────────────────────────┤
        │           关键问题               │
提高     ├─────────────────────────────────┤    跨
成       │           项目目标               │    学
绩       ├──────────┬──────────┬──────────┤    科
        │ 针对性探究│ 学习活动 │ 调查(研究)│
        ├──────────┴──────────┴──────────┤
        │           提出建议               │
        ├─────────────────────────────────┤
        │           项目展示               │
        ├─────────────────────────────────┤
        │           写作评估               │
        ├─────────────────────────────────┤
        │          反思与承诺              │
        └─────────────────────────────────┘
                   21世纪技能
```

图A "+1"教学法示意图

在制定计划方面也需要得到支持。他们需要花时间来做计划，并得到一系列可推动计划实施的教学工具、教学方法和教学策略的支持。本书共分为三个部分：计划、管理和评估。第一部分为通过"+1"教学法计划项目式学习提供了一个切入点，但并没有止步于此，一旦计划开始启动，就必须开展教学并进行相应的教学管理；第二部分切入了"+1"教学法的实施和管理，但也并没有到此为止；本书的最后一部分将讨论在实施"+1"教学法过程中的责任机制、评估和反思。这三个方面对于成功实施"+1"教学法至关重要。

如何使用本书

熟能生巧，这句话也同样适用于教学、学习和知识的应用。优化的练习可以提升教与学，当你能运用你所练习的，你的表现就能得到提升。本书旨在指导教师在课堂上反复练习使用"+1"教学法。在运用新方法时，很少有人能在第一次就可以完美实施。即使是经验丰富的教师，也需要不断地练习，以便更好地使用这个方法。"+1"教学法的关键就是开始实施并坚持完成。本书包含大量的教学策略，以便支持你成功实施这一方法。书中内容分为计划、管理和评估三个部分，每个部分都强调了一些实用技巧，以帮助你高效实施该方法。

每章中所提出的概念都是彼此互为基础的。因此，各章最好按照顺序进行阅读。本书的布局富有逻辑性：第一章为理论基础；第二章和第三章定义了"+1"教学法框架，并开始将理论与实践相结合；第四章将"+1"教学法与计算机技术相结合；第五章详细阐述了"+1"教学法的评估和评估准则的把握；最后一章融合了各章内容，并探讨了如何把"+1"教学法运用在课堂教学中。

最重要的是，读者将有许多机会边读、边练、边整理。建议读者标记各章要点，在页边空白处多记笔记，并完成练习任务。本书的体验具有互动性、吸引力，并适用于学生。教师可充分利用机会对一个完整的学习单元进行计划，提高"+1"教学法的实施能力。无论你是教师、管理者还是家长，都可以使用本书讨论精准教学[①]和教学策略，为学生的升学和就业做好准备。"+1"教学法旨在在竞争激烈的社会中为教学和学习提供最好的帮助。当我们投资学生的未来时，学生的成就也会随之提升。

[①] 精准教学：Rigor，指有意包含该课程中所有必要的组成部分，并使其相互协调且有针对性，以确保所有学生达到预期的目标。——编者注

INTERSECTION 1

第一部分

计划

> 计划是把未来要做的事情带入现在,这样现在就可以着手开始做些事情了。
>
> ——艾伦·莱肯

"+1"教学法路线图

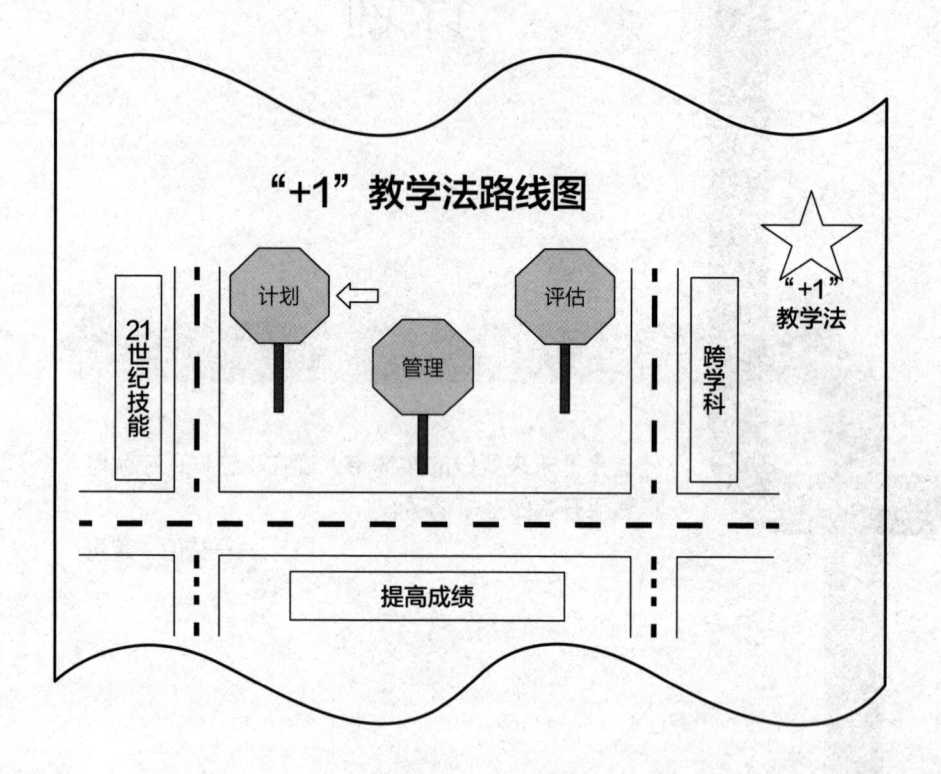

- 计划
- 评估
- 管理
- 21世纪技能
- 跨学科
- "+1"教学法
- 提高成绩

Road Map to Success

第一章
认识"+1"教学法

中小学（K-12）共同核心标准和计算机考试等倡议标志着教育新时代的到来。学校正在逐步将学生评估从衡量学生对信息的短时记忆考察转变为更高层次的思考要求。为了在本国和全球更具竞争力，学生需要具备各种技能，以适应信息革新和技术进步的社会。21世纪技能运动正在改变今天课堂的教与学，为了号召教育工作者重新定义什么是精准的课堂教学，什么是在校经历和教育经验，瓦格纳提出了学习和生活所需的"七项基本生存能力"：

1. **批判性思维和问题解决能力**——当学生面对现实问题时，能够运用批判性思维，质疑他们环境中的思想或问题，并在学习新知识后自己修正形成新的理解和认识。为了培养解决问题的能力，学生必须应对学业挑战和现实问题。

2. **通过关系网络进行协作的能力和通过影响力进行领导的能力**——无论是通过数字网络，还是面对面进行的社交互动和交际，都可以培养学生的协作和领导能力。这种关系网的建立过程使学生能够互相学习，形成自己的观点并建立自信。

3. 灵活性和适应性——敏捷、灵活的学生适应性更强，更善于应对变化。这些学生学会了将不同的策略和技巧运用到不同的学习环境当中。因为变化不可避免，因此，学生最好在考上大学、进入职场或者自己创业之前就掌握这些技能。

4. 主动性和创新性——创新性思维包括主动出击推动事情的发生，而不是等待别人让事情发生。具有这样思维模式的学生是自主学习者，他们积极主动，富有创新精神，敢于承担责任。除了帮助学生做好应对本国和全球竞争的准备，这些技能还可以增加学生成功的机会，并帮助学生把他们的潜能充分发挥出来。

5. 有效的口头和书面沟通能力——无论是为升学和就业做准备，还是面对全球化的竞争，都要求学生掌握沟通技巧。有效的沟通是建立在口头、书面、技术以及表达技巧之上的。学生必须能够阐明他们的想法、意图和理由。

6. 获取和分析信息的能力——只有可以被获取和处理时，信息才是力量。学生虽然可以通过印刷文本和数字媒体等多种方法来获取信息，但是他们仍然需要其他的技能来对信息进行分析与解读。一旦学生获取了信息，他们必须知道这一信息是什么，意味着什么，为什么重要。

7. 好奇心和想象力——我们必须尊重学生勇于探索的好奇心。教育者应当以敬畏之心和惊叹之情培养学生探究的精神，引导他们积极参与到课堂中。当学生有探索和创新的机会时，他们更愿意发挥想象力，这也会增强学生的积极性与主动性。

表1.1列出了每项技能的象征符号和问题，方便学生在整个学习过程中回忆和应用。

表1.1 21世纪学生技能清单

批判性思维和问题解决能力 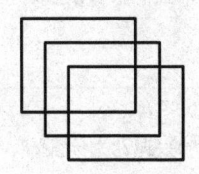	1. 如何跳出思维定式进行思考？ 2. 如何多角度思考？ 3. 我的问题会产生更多的问题吗？ 4. 如何找到问题的答案？ 5. 我能用不同的方法来解决这个问题吗？ 6. 我还能说些什么、发现些什么和做些什么？ 7. 用什么方法来解决问题？
通过关系网络进行协作的能力和通过影响力进行领导的能力 	1. 如何通过关系网络协作？ 2. 如何让团队合作帮助我协作？ 3. 如何使用技术与同伴进行互动？ 4. 需要在哪些方面展现领导力？ 5. 如何通过影响力进行领导？
灵活性和适应性 	1. 如何表现思维敏捷，准备得当？ 2. 我能迅速反应吗？反应足够快吗？ 3. 我该如何表现出灵活性？ 4. 适应性对我意味着什么？ 5. 为什么团队和我应该变通？
主动性和创新性 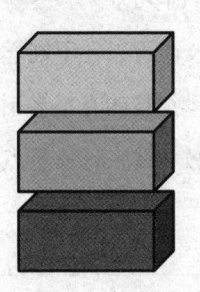	1. 如何表现我的自主性？ 2. 如何表现我的主动性？ 3. 如何取得成功？ 4. 如何表现出我在向他人学习？ 5. 我在哪些方面积极主动、富有创新精神？
有效的口头和书面沟通能力 	1. 我多久进行一次对话？ 2. 我的话语是否能激发创意、启迪思维？ 3. 如何有效地呈现信息？ 4. 我在哪些方面以书面形式表达思想？ 5. 有效的沟通意味着什么？ 6. 如何使用技术来沟通？

[续表]

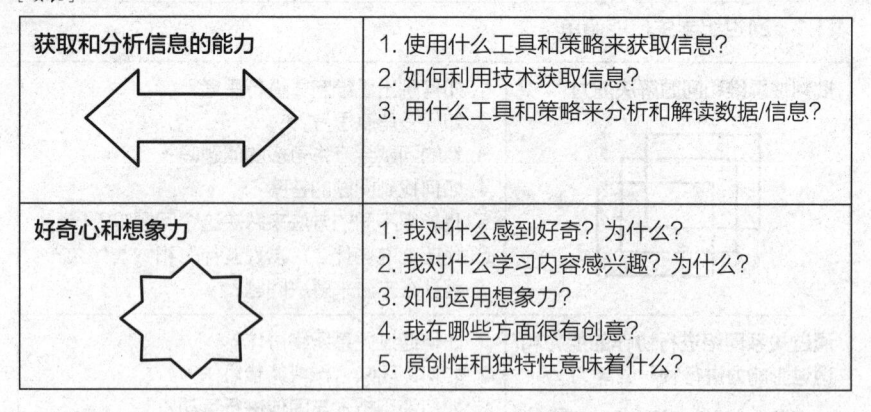

获取和分析信息的能力 ⟷	1. 使用什么工具和策略来获取信息？ 2. 如何利用技术获取信息？ 3. 用什么工具和策略来分析和解读数据/信息？
好奇心和想象力	1. 我对什么感到好奇？为什么？ 2. 我对什么学习内容感兴趣？为什么？ 3. 如何运用想象力？ 4. 我在哪些方面很有创意？ 5. 原创性和独特性意味着什么？

表1.1中的符号可在学生参与"+1"教学法的过程中作为直观提示，供学生轻松绘制、复制或引用。技能清单中设计的问题旨在培养学生的元认知，以及对这些技能的坚持运用。通过回答这些问题，学生可以更好地使用21世纪技能，并将其运用到他们的项目中。21世纪技能是瓦格纳提出的模型，它抓住了针对这一代学生教学和学习的本质，使得教育工作者能够通过将这些基本技能融入教学实践来提升学生的学习效果。这些技能无处不在，适用于任何学校、课程和学科。21世纪技能可以在不同学科间转换，帮助学生在生活和工作中取得成功。虽然21世纪技能有很多不同的版本，但是由于本书介绍的技能主要针对于"+1"教学法，这里重点介绍瓦格纳的模型。

思考　提问　转化应用

回想与七项基本生存能力中的一项或多项有关的教育或生活经历。这次经历如何影响了你？你如何在所在的地区、学校或课堂中运用21世纪技能？

什么是"+1"教学法

向21世纪技能的范式转变已成为一种国际现象。但是,如何使学生在课堂内外始终如一地应用这些技能呢?答案就是"+1"教学法。"+1"教学法是通过21世纪技能来提高学生意识、提高学习成绩,培养青年在全球化经济中的竞争能力的跨学科的教学体系。该体系是一个探究和调查的循环过程,在这个循环过程中,学生通过融合了精准教学理念、技术和现实世界知识应用的项目对自己的学习过程进行管理。

"+1"教学法以研究为基础,是一种一站式模型,它融合了理论和实践,提供了一种全面的、基于项目的、经济高效的学习体验。全世界的学校都可以使用"+1"教学法来改变课堂的教与学方式。"+1"教学法体系可以帮助和提高学习能力(批判性思维、协作和沟通)、读写能力(阅读、写作、口语和听力以及数字化应用)和生活能力(目标设定、问题解决和自我激励),其结构和设计为学生今后的升学、就业和生活做好了准备。如果我们(教育工作者)真的想要最大限度地激发学生的潜能和提高他们的能力,那么必须重视可以达到这些效果的教学实践。"+1"教学法就是实现这些目标的一条途径。本章随后将探讨"+1"教学法的历史背景、目的和基本原理。

什么是项目式学习

威廉·赫德·基尔帕特里克是哥伦比亚师范学院的一位受人尊敬的教授,他在20世纪初就提出了项目式学习的概念。基尔帕特里克主张运用项目推动学生进行有目的的活动,激发学生的学习兴趣。他崇尚培养有意义的、学生参与的学习环境。这种学生的参与体现了建构主义的学习方法,即学习者通过自主学习,参与到真正的任务当中,并创造意义与价值。邦威尔和艾松在90年代初开始推广将项目引入教学的方法，并创造了一个新名词——"项目式学习"（PBL）。项目式学习是一种强调学习者自身学习能力的教学模式。它是一种促进以学生为主、对现实世界的主题或问题进行探究的创新方法。项目式学习通过项目促进学生探究、协作、批判性思考和解决问题的能力，从而对常规的教学课程进行补充。总体而言，项目式学习的目的是通过为学生提供更多的灵活度并赋予学生更多学习的责任和义务的方式让学生们参与研究和调查，从而提升现有的教学质量。

人们普遍认为，"边做边学"的学习方法是一种挑战传统教学的改革努力。传统的教学受多种因素的限制，例如单一的课堂、有限的面对面交流、对于课本的依赖和教师布置的任务等，这些因素都有可能抑制学生的创造力，减少学生与外部世界的交流机会。项目式学习的互动交际功能可以为学生提供更多的机会，改变他们沟通和解决问题的方式。项目式学习还拥有超越教师和课堂的、通过网络相互联系的广大受众。互联网环境下，学生在完成项目的同时，可以同时通过博客、电子邮件、聊天软件、视频会议交流互动。项目式学习造就了独立的思想者和学习者，使自主学习者对主题有了更好的理解。

项目式学习的意义与目的

多年来，对项目式学习的研究已经从一种特定的、基于问题的学校学习，发展延伸到更加广泛的实践、科目和年级层次。总的来说，项目式学习已经被证明是有效的，因为它增加了学习维度，影响了学生的学习内容和学习方式。据统计，自2001年以来，接受项目式学习的培训并使用其相关资料的学校数量是以前的三倍多。越来越多的网站开始强调项目式学习是一种很好的教学实践，同时也强调将项目式学习纳入中学协会和高中中心的政策文件之中，这些都表明人们对项目式学习的兴趣与日俱增。

项目式学习在很大程度上被认为是教学核心部分的一种改革范式。从某种意义上说，它要求我们重新思考学生和教师之间的权力关系。从教学设计上看，项目式学习更加强调协作，不太强调等级，在鼓励教师促进学生学习的同时，也鼓励学生开展自主学习。项目式学习的课堂不是由教师传授全部的知识，而是让学生在学习活动、项目研究和展示方面扮演着积极的角色。

项目式学习围绕着项目，组织学生进行学习，而这些项目主要是基于探究、调查和解决问题的任务。项目式学习的项目可以探究社会问题，经济、政治、社会、媒体热点，或者某个引发学生好奇心的感兴趣话题。通常，项目式学习的项目以现实产品或项目展示为最终环节，通过项目展示，学生运用了沟通技巧、协作技巧和创新技巧。最终，学生对项目核心的概念和标准有了更深入的理解，培养了重要的工作技能，并养成了终身学习的习惯。

托马斯提出了判断项目真实性的五大标准：

1. **中心性**——项目是课程的中心，而不是课程的外围。

2. **本质问题**——项目的焦点是基于本质的问题，可以促使学生更深入地理解学科概念和原则。

3. **建构性调查**——项目可以促使学生积极地参与研究。

4. **自主性**——项目是由学生驱动的，以学生参与为主。

5. **现实性**——项目解决的是现实世界和社会关注的问题。

以上这五个标准是示范性项目的基础。项目式学习的项目也是学习的"主要课程"。项目式学习的项目鼓励发挥学生的积极性，给学生提供项目展示的途径，并为学生提供机会来讲解所学的知识。项目式学习的项目具有精准性和深刻性，不仅仅是让学生简单地应用传统课堂上所学的知识。

项目式学习的项目与学生的生活息息相关，让学生围绕一种现象展开相关的调查，从中发现有助于他们理解和形成批判性思维的想法和事物关联，学会将活动与日常体验联系起来，消除以前对学习主题的误解。最为重要的是，当学生需要讲解课外所做研究的成果时，可以很容易地回忆起学习主题的信息，并牢牢记住。在这种建构式的学习中，学生通过项目加深对概念的理解，从而做出有意义的事情。"+1"教学法以研究为基础，为教师提供工具，结合理论、实践、标准、技术和21世纪技能进行学习的计划、管理和评估。这一综合体系通过建构式的学习来提高教学质量和提高学生成绩。关于"+1"教学法的更多信息将在下一节中进行讲解。

思考　提问　转化应用

思考一个你想让学生探索的主题。项目式学习如何帮助学生加深对该主题的理解？你如何将判断项目真实性的这五项标准的相关知识转化应用到你所在的地区、学校或课堂？

一般项目与"+1"教学法的项目

"项目"已经成为许多教学单元中的标准活动。然而，一个问题依然存在："学生在建构项目的同时也会建构知识吗？"建构一个有意义的项目不只是选择一个主题，写一篇论文，或者完成一个主题活动。学生需要参与任务，深入思考重要的概念，而不仅仅是完成项目的流程。长久以来，学校在开展项目方面的传统就是结合实践活动，开发跨学科主题，进行实地考察并进行实验室研究。然而，托宾、蒂平斯和加勒德提出，以"动手操作"为特征的实践活动未必是"用心思考"的，换言之，动手操作的活动并不能保证学生在活动时运用了批判性思维和解决问题的技能。而"+1"教学法项目要求"用心思考",因为其以探究、研究、技术和文化为基础,而且融入了21世纪技能。学生从"+1"教学法中学到的相关学习经验促使其将知识转化应用到现实世界中,为升学和就业做好准备。

"+1"教学法的项目要求的认知水平并不局限于"动手操作"。学生至少需要进行口头沟通、书面交流和数字通信,参与调查、开展研究、提出建议和得出调查结果,并对这一过程进行反思。

这些技能和能力不仅能使学生做好在国内和国际竞争的准备,也是取得成功的先决条件。为了表述更加清晰,有必要强调一般项目与"+1"教学法项目之间的差异,表1.2就展示了两者的不同特征。需要注意的是,在学校,这两种类型的项目有各自发展的空间:一般项目可在较短的时间内完成,而"+1"教学法项目可能需要更长的时间,因为学生需要有意识地深入研究概念性知识。

表1.2 一般项目和"+1"教学法项目的特征对比

一般项目	"+1"教学法项目
• 基于标准	• 基于标准和跨学科
• 任务驱动型	• 目标驱动型
• 动手操作和用心思考	• 动手操作和用心思考
• 不需要深入探究和调查研究	• 需要深入探究和调查研究
• 学生掌握该主题的事实性知识和程序性知识	• 学生掌握该主题的事实性知识、程序性知识和概念性知识
• 不需要互联网/技术	• 需要互联网/技术
• 不需要合作互助	• 需要合作互助
• 不需要项目展示	• 需要项目展示
• 不需要反思与承诺	• 需要反思与承诺
• 不需要写作评估	• 需要写作评估
• 不需要运用21世纪技能	• 需要运用21世纪技能
• 学习只针对于该项目	• 学习可适用并转化应用到其他情景

基于学生背景设计学习体验

　　背景因素在教学中十分重要。蒂曼特、史密斯、皮尼加和伊根认为，如果学校致力于公平地为所有学生服务，那么回应不同文化、语言、学习背景的学生的需求是至关重要的。高质量、回应学生需求的教学需要考虑学习者的背景，否则就可能无法帮助学生提高学习成绩。最为基本的一点要求教师了解学生，知道如何来教授他们。学生们的知识和文化是他们学习过程中至关重要的资本。

　　由于学校存在多元的文化、语言和种族，教师需要考虑不同背景学生的学习情境。"+1"教学法是一种通过真实体验进行情境化学习的范式。学生有机会通过研究和互联网，跳出教室的限制开始"旅行"，学习到不同的观点。在整个过程中，学生可以做有意义的事，结合自身经历，加深理解并学习新的信息。这样的接触和学习有助于弥补教育领域既有的鸿沟，对于那些因学校教育更为受限的学生更是如此。这里所说的限制是指有较少的机会获得教学资源、数码设备、实地考察，较少有机会进行需要额外资金资助的活动和较少有机会让家长参与到学生学习。尽管有这些限制，但是学生仍然能够取得认知的进步。获取资源受限并不意味着教学受限，也不是教学受限的借口。教师主导着课堂的话语权，他们和学校有责任为学生提供学习机会，帮助学生提高学习成绩，培养学生的21世纪技能，提升学生的全球竞争力。这些机会和技能的获得需要跨学科的教与学的方法。学生可以学会教师教授的内容，但是却很难学会教师不教的内容。虽然这并不意味着学生必须从教师或学校那里学到所有的知识，但是很少有专家是不经过某种形式的教育和在校教育经历而成为专家的。跨学科的项目教导学生在内容之间建立联系，探索多种资源，并在多元化背景下学习。由于"+1"教学法是基于跨学科的项目进行的，其学习具有目的性、意义性和适用性。

从本质上说，学习的目的就是要解决一个中心问题：什么内容是值得掌握、值得体验、值得实践和值得付出的。换言之，教学应该让学生参与到真实体验之中。麦克泰格、赛夫和威金斯将学生行为/学生认知的积极变化归因于真实的学习体验，而真实的学习体验可以提高学生学习的参与度，提升学生对重要问题的理解。但是，还有一个问题是"教育者如何激发学生取得最高水平的成就？"我们可以从推广嵌入了探究、研究、批判性思维的教学模式开始，深入了解概念性知识，以及21世纪技能。"+1"教学法确保这些技能和实践能够在课堂上实施。总之，上述研究表明，在通常情况下，基于学生背景进行教学和实施"+1"教学法是有必要并且合适的。

> 思考 　 提问 　 转化应用
>
> 思考这句话，"如果想让我把知识内化，那么就把它放入情境。"为什么情境很重要？基于学生背景进行的教学对学生有什么好处？如何将有关知识转化应用到你所在的地区、学校或课堂？

实施"+1"教学法的常见问题

现在，你对"+1"教学法框架的背景有了一些了解，但是可能对如何实施仍有疑问。本节将回答与"+1"教学法实施相关的六个常见问题和关注点。

1. 学校是否需要预算资金来实施"+1"教学法？

不需要。"+1"教学法是专门为提升教学效果和提高学习成绩而设计的，有或没有额外的资金资助均不影响实施。该体系的一个特点就是节省成本。如果使用本书并利用现有资源，就可以很好地实施"+1"教学法，从而改变教学方式。

2. 如果我们学校没有机房或数码设备，那么学生还能参与"+1"教学法吗？

可以。虽然学校有机房或数码设备是最理想的，学生不必使用自己的数码设备就可以参与这一过程。如果教室里只有不到两台或三台电脑、笔记本电脑或者数码设备，学生们可以自行轮流使用，或者由教师制定不同时间的轮流使用表。教师也可以考虑为每组学生分配一个数码设备，或鼓励学生进行校外研究。学校图书馆也是让学生上网的一个不错的地方。经过教师或学校批准，智能手机同样可以进行研究。最后，教师可以使用学校为自己提供的计算机、显示屏、笔记本电脑或者其他的数码设备帮助学生进行研究；在教师使用自己的数码设备帮助其中一个小组时，其他小组可以开展与其项目相关的其他任务。

3. "+1"教学法是否要求我与其他教师合作？或者我自己就可以计划和实施？

与同事合作是最好的，我们非常鼓励同事间的合作，但是，不是所有教师都能这样幸运。如果没有人可以进行合作，那么教师就需要自己做事。虽然独自一人实施这项工作时，工作量很大，组织也很有挑战性，但是请不要沮丧，也不要放弃。使用本书所提供的模板、策略和技术，可以帮助你减缓焦虑，从而提高对于"+1"教学法的计划、管理和评估的热情。

4. 既然研究是实施"+1"教学法的重要组成部分，那么对于那些有阅读困难的学生或不能与其他同学一起阅读的学生，教师应该怎么做？

不管学生是有阅读障碍，还是在阅读能力发展上有差距，所有学生都应该接受高质量的教育和接触精准的教学方法。有阅读困难的学生可以与阅读能力更强的学生分在一组。教师还可以使用"脚手架"[①]、视觉媒体、技术和其他提高阅读能力的方法。如果你教小学，特别是教幼儿园的孩子和小学一年级的学生，可以考虑使用视频、图片和技术来对课文进行补充。

5. 如何了解学生在学习中对材料和概念的掌握情况？

学生的掌握程度不能用一句话简单概括，因为"+1"教学法包括不同范围的学习活动和学生成绩。教师通过观察学生，使用评估准则、学生日志和记录学习活动，以便对学生的掌握情况做出判断。此外，最终任务（例如展示、作文和感想）也可以评估学生对知识的掌握程度。

6. 我该如何安排时间实施"+1"教学法，尤其是当我的教学计划安排已经遭受影响时，应当如何抽出时间？

"+1"教学法旨在对现有课程进行补充，教师可以引导学生对目前课堂上正在讲授的概念和主题的关联方式进行探索。实施"+1"教学法的时间和方式非常灵活。例如，教师可以在年初、学期中/末或者是在学年的最后几个星期引入"+1"教学法。小学教师也可以抽出一天中的最后一个小时来运用"+1"教学法。中学教师可以在学生咨询时间或课前点名集合时间、第7节课上（如有）、选修课上或任何其他课上实践"+1"教学法。其中最耗时的方面，如学习活动、

---

① 脚手架（scaffolding）最早是由美国著名的心理学家和教育学家布鲁纳从建筑行业借用的一个术语，用来说明在教育活动中，学生可以凭借父母、教师、同伴以及他人提供的辅助物完成原本自己无法独立完成的任务。——译者注

研究和准备展示等，都可以通过家庭作业的形式来进行。重要的是，任何一门学科的老师都需要问自己这样一个问题，"如果不使用'+1'教学法进行教学，那么我可以使用什么教学法来使学生参与探究和调查的过程，同时实践21世纪技能，开展写作评估、展示、反思，以及围绕某个学习主题进行研究呢？"

制定行动计划

高效的教师制定的教学规划富有策略。如果没有行动计划，就不可能实现所期望的教学目标，"+1"教学法也是如此。进行教学计划时，需要考虑许多因素和策略。课程与教学的基本原则的发起人泰勒于1949年提出了学生学习的三大原则：

1. 学生对自己正在学习的科目有一定的了解。

2. 学生可将已学的知识运用到新情况中。

3. 学生有继续学习的渴望。

学生在学习复杂事物时，将由于教学基于概念性知识、实践应用和迫切希望继续学习的渴望而受益匪浅。泰勒对学生学习的建议抓住了教育的本质和"+1"教学法的使命。

泰勒还提出了计划综合单元教学的四个目标。每一具体目标如下所述：

1. 遗忘与记忆

泰勒指出，知识的获取是随着实际运用的增加而增加的。学生不太容易忘记与自己日常生活相关的事物，因此，学生对这部分知识的记忆力就有所提升。"+1"教学法与之有相似之处，即学生通过真实的学习体验深入参与到主题学习中，从而更容易记住所学的内容。

2. 时间

泰勒认为，年轻人需要时间改变。因此，我们需要尊重学生在掌握关键性概念和内容性知识时所需的时间。他们最好能在单元的拓展学习中花一定时间深入研究概念性知识，而不是在一两堂课上粗略地复习知识和事实。"+1"教学法旨在帮助学生围绕某一特定主题完成一个探究和调查的周期，完成这一周期至少应该需要四到六周时间。

3. 结果的多样性

泰勒确信提升学习体验可产生多种结果。因为学习是多方面、动态变化的过程，因此，学生需要多种机会来展示自己对知识掌握的程度。"+1"教学法是一个多层面的教学模式，包括开展研究、调查反馈、阐释数据、得出结论、项目展示；更为重要的是，学生通过对学习主题的深入理解改变学习行为。

4. 连贯性

泰勒指出，学习需要连贯和巩固强化，具有这些特征的学习活动会产生可持续的结果。"+1"教学法是一个具有连贯性的模式，学生能够记住核心性的概念，思考这些概念的意义，并可以在新情景下运用他们所学的知识。同时，学生的学习效果也可以通过反复检查是否真正理解知识以及能否把所学的知识实际运用出来得到巩固。

计划要以终为始

史蒂芬·柯维在他所著的《高效能人士的七个习惯》一书中提出的七个习惯为个人效能提供了一个框架。以下是有助于成功的七个习惯：

1. 习惯一：积极主动
2. 习惯二：以终为始
3. 习惯三：要事第一
4. 习惯四：双赢思维
5. 习惯五：知彼解己

6. 习惯六：统合综效

7. 习惯七：不断更新

  这七个习惯都十分宝贵，其中，前两个习惯直接适用于"+1"教学法。首先，教育实践要求教育工作者积极主动。教育工作者受到内在的激情驱使，去做最有利于学生的事情，并运用智慧促使学生尽力学习。积极主动的教育工作者不会在问题面前找借口；相反，他们会为之找到解决办法并制定一个行动计划。第二个高效习惯关乎计划——以终为始。在开始教学之旅前，教师需要制定出计划，明确方向。我们永远不会在不知道目的地的情况下计划旅行，教学也是如此。教学计划需要了解长期目标才能达到预期效果。如果教师从一节课或一个单元所期望达到的结果出发反向计划，那么教学就会一清二楚，让每个人受益。教师和学生都可以通过提前计划预见到未来的挑战，因为他们知道自己要去哪里。这一习惯的关键是有目的地计划预期的结果。根据"+1"教学法，我们强烈建议读者在项目开始之前就计划项目预期的结果。当教师和学生都清楚地表达并清晰地理解期望的愿景时，就会降低教学实施的难度。

思考　　提问　　转化应用

回想一段自己经过深思熟虑的计划而获得成功的经历。如果没有对结果的计划，会有什么不同的结果？为什么"以终为始"的计划很重要？如何将计划的知识转化应用到你所在的地区、学校或课堂？

"+1"教学法的哲学和心理学理论

  作为教育工作者，我们的工作就是精心塑造促使学生在构建自我意义的过程中不断成长的环境。首先，我们必须运用哲学和心理学的理论来充实我们的课程与教学。这需要围绕价值观和人类发展，进行有目的的计划。哲学理论阐释了基本价值观，旨在提升学校的人才培养方案，而心理学理论则使教育者能够区分学习过程中人的行为变化。在哲学层面上，教师鼓励学生重视所学。在心理学层面上，学生对某一学习主题的感知会发生变化，因为他们对真实的任务感兴趣、钻研投入，并参与到该学习的过程中。通过"+1"教学法的实践，以哲学和心理学理论为基础计划教学，学生可以更好地理解周围的世界。

斯佩克特是另一位将学习心理学作为重要基础领域的研究学者。他认为行为、知识与技能的发展是教育赖以生存的"基石"。教育工作者可以利用这一点来促进学习过程，帮助学生提高成绩。"+1"教学法为学生提供了参与社交和提升认知的机会。学生寻找创新性方式研究现象，从而为其全球竞争力做好准备。教师和学生可以利用这些学习经历达到预期的学习效果。

"+1"教学法的12个基本要素

教学与学习应该基于具备适用性和可转化应用性的体系。学生可以在不同的环境中运用他们所知和所学的内容。学生必须了解学习的目的以及概念的应用。"+1"教学法为基于学生背景的情境化学习和整体教学实践的提升提供了一个实用的实践体系。基于学生背景的情境化学习体系还必须遵从连贯性和忠实性。"+1"教学法具有跨学科、易理解、全局性、连贯性、简明性和相对性的特点，因此，专注于此是必要的，值得投入时间与精力，帮助学生做好升学、工作和生活的准备。

作为教育工作者，教师可以通过实践性工具的加持，对长效教学体系拥有更多的自主权，这有助于体系实践运用和转化应用程度的提升。表1.3

表1.3 "+1"教学法示意图

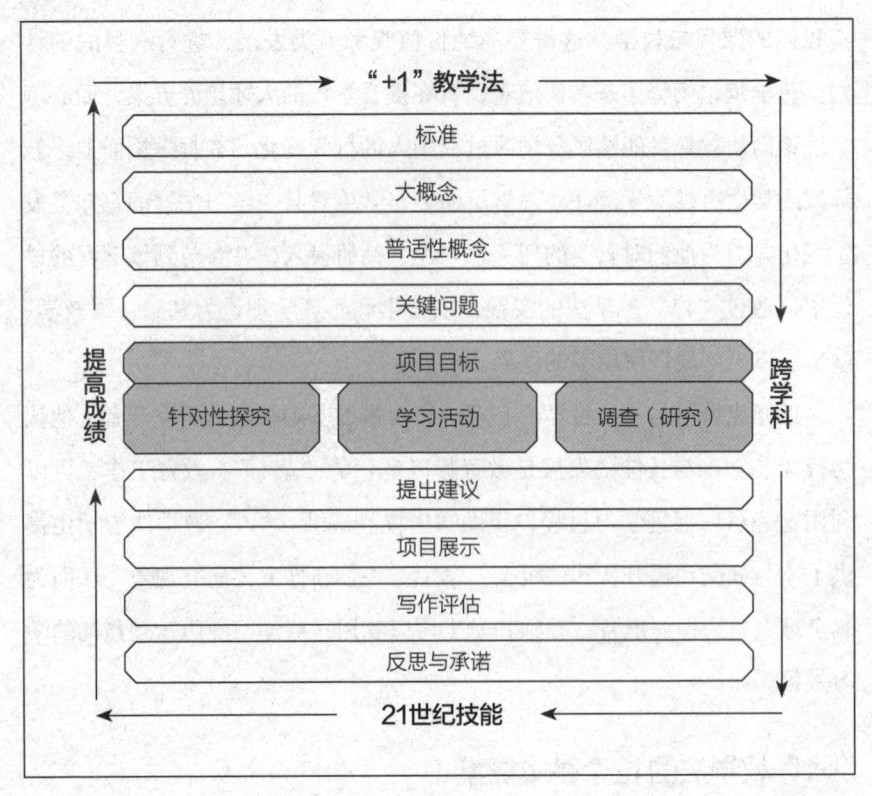

```
                    "+1"教学法
    ┌─────────────────────────────────────────┐
    │              标准                        │
    │              大概念                      │
    │              普适性概念                  │
 提  │              关键问题                    │  跨
 高  │              项目目标                    │  学
 成  │  针对性探究    学习活动    调查（研究）  │  科
 绩  │              提出建议                    │
    │              项目展示                    │
    │              写作评估                    │
    │              反思与承诺                  │
    └─────────────────────────────────────────┘
                    21世纪技能
```

就是支持实施"+1"教学法的众多工具之一，突出了"+1"教学法的效果和期望，表内包含了12个对于任何学科或主题而言都是完成"+1"教学法完整周期所需的基本要素，"+1"教学法的成功实施依赖于所有这些因素的共同作用和协调发展。

"+1"教学法的12个基本要素如下所示：

1. 标准（Standards）：标准是项目的基础，明确了学生应该知道的内容和能够做到的方面。标准给学生提供了通用语言和指导方针。

2. 大概念（Big Ideas）：总的来说，大概念是与"+1"教学法相关的跨学科概念。学生可以运用大概念聚焦自己的调查研究。

3. 普适性概念（Universal Concepts）: 项目应包括主题性的概括陈述，以加深学生对主题的概念性理解。普适性概念既适用于学科内，又适用于跨学科，包含大概念，可以有目的地激发和拓展学生的思维。

4. 关键问题（Essential Questions）: 项目是由首要问题构成的，这些问题可转化应用、可讨论，还可产生更多的问题进行探究。关键问题同样包含大概念，可以属于特定学科，也可以跨学科。

5. 项目目标（Project Objective）: 项目应是召集学生开始行动，进行与主题相关的研究。它由目标定义，涵盖思考、知识、来源和行动。

6. 针对性探究（Focused Inquiry）: 学生应参与大概念相关的调查。针对性探究包括对一般问题、具体问题、拓展问题和来源问题的探究。

7. 学习活动（Learning Activities）: 学生应体验多层面的任务，以使学生的学习在一定情境下进行，学习活动既具有复杂性又对学生的认知和能力有一定要求。

8. 调查（研究）（Investigation/Research）: 项目包含调查或研究。学生在进行研究时，对第一手和第二手的信息来源进行分析，同时注意四个维度（即随时间变化的趋势、多角度、技术进步和预测）、可信度四步法，以及来自针对性探究部分的问题。

9. 提出建议（Recommendations）: 学生应根据自己的研究提出改进或改变现状的相关建议，并解释他们的建议所带来的好处。

10. 项目展示（Presentation）: 学生应向同伴或课堂外的受众展示他们的项目。展示项目包括口头作品、肢体表演作品、视觉作品或书面作品。学生在展示时将使用说服技巧（精神、共鸣、理性）和表达技巧（声音传送、眼神交流、着装、自信、吸引力和简洁）。

11. 写作评估（Writing Assessment）：每名学生应撰写一篇短文作为项目最终任务。其应阐述以下内容：学习主题的重要性，研究的主要发现，以及每个研究发现的重要性。

12. 反思与承诺（Reflection and Commitment）：学生应反思这段项目的经历可以如何加深他们对知识的理解，并且考虑下一次可以如何改进。学生还应承诺与他人一起扩展和分享项目。

在计划实施"+1"教学法时，教师不必完全遵照上述的顺序。例如，教师首先可以集思广益，收集与学习主题相关的大概念和普适性概念，然后再选择标准。最重要的是，教师需要忠实地计划和实施全部的12个要素。

思考　　提问　　转化应用

思考"+1"教学法的教学意义。专注于该体系的实施有什么意义？如何将有关"+1"教学法体系和其示意图的知识转化应用到你所在的地区、学校或课堂？

围绕"+1"教学法开展教师职业技能培训

职业发展可以帮助教育工作者更好地理解"+1"教学法的真正目的和根本原因，并促进其更好地实施。一旦计划就绪，那么教师就准备好实施该教学体系了。古斯基把职业发展定义为旨在提升教育工作者的专业知识、技能和态度的过程和活动，而这些知识、技能和态度的提升又进一步地提高了学生的学习能力。换句话说，教师的职业发展提升了教师的教学实践水平，促进了教师的专业成长，提高了学生的学习成绩，并最终促进了学生的学习提升。教师的职业发展还有利于学校校园协作文化的建设。很多时候，教师们在学校的课堂教学局限于自己的教室，而职业发展（员工会议、年级会议、系部会议、个人学习社区会议等）促使教育工作者围绕一个共同的目的或目标进行计划并合作实施。本书被战略性地设计为实施"+1"教学法的职业发展资料，鼓励教育工作者在参与"+1"教学法的过程中相互进行积极合作。

古斯基指出了职业发展的三个定义特征——目的性、持续性和系统性。表1.4说明了这些定义特征。

除了职业发展这三个特征外，古斯基还列出了职业发展的七种主要类型。

1. 培训
2. 观察/评估
3. 参与发展/提升的过程
4. 学习小组
5. 探究/行动调查
6. 个人指导下进行的活动
7. 职业辅导

特定的职业发展类型有很多种增加专业知识的选择和机会。学校/教师可以从以上所列的选项中选择职业发展类型（或者使用全部7项），以指导"+1"教学法的实施。一旦确定了职业生涯发展阶梯的结构，就势必要评估其有效性；精准的评估过程既要重视效率，又要重视需要改进的地方。古斯基概述了职业生涯发展评价的五个关键标准：

1. 参与者的反应
2. 参与者的学习

表1.4 职业发展特征

三大职业发展特征
目的性 • 应该具备意义和目的 • 有意识地为实现变革和进步而设计 • 不是随机或偶然的过程 • 职业发展是以清晰的愿景为指导的深思熟虑的过程 • 包括有计划的目标 • 建议的步骤如下： 　1. 从明确的目的和目标开始 　2. 确保目标是有价值的 　3. 将职业发展目标与学校使命目的相联系 　4. 确定如何评估目标 　5. 需要证据确定目标是否实现；证据可能需要多个指标
持续性 • 教育是一个知识储备不断扩大的领域 • 为了跟上不断扩大的知识储备，教育工作者必须在整个职业生涯中不断学习
系统性 • 如果没有系统的职业发展路径，即使个人层面的职业发展的工作开展得不错，但是组织变量仍会阻碍工作提升的成功 • 当系统地看待职业发展时，职业发展不仅可以提升个人能力，而且也可提升组织机构解决问题和自我更新的能力

3. 组织机构的支持与变革

4. 参与者对新知识技能的使用

5. 学生的学习成果

学校需要创造有利于教师职业发展的环境，这会增进教师对学校的信任，促进建设性的反馈。如果教师没有建设性的渠道来计划、调整和反思，那么任何教学体系都不能成功地实施。在引用、调整和思考"+1"教学法的过程中，教育工作者准备得越充分，那么就越能达到更好的预期结果，即提高学生成绩、提升21世纪技能应用能力和全球竞争力。总的来说，职业发展的意义在于促进有意义、有目的且可适用的职业成长。职业发展对于将最佳的教学实践转化应用至课堂和围绕教与学进行能力和效能的培养至关重要。本书随后将重点讨论教师实施"+1"教学法能力的培养。

思考　提问　转化应用

回想一项曾经帮助你进行教学实践的（校内/校外）职业发展项目。可适用、可转化应用的职业发展感觉如何？你如何将古斯基的职业发展范式转化应用到你所在的地区、学校或课堂？

小结

"+1"教学法通过21世纪技能促进学生学习，创造了多种探究和调查的途径，使之成为一个有力的教学模式。虽然学校已经在培养学生的全球性竞争能力，并为他们做好了升学及就业的准备，但是它仍需要找到实现这些想法的体系。本章介绍了"+1"教学法的有关理论与实践及其在教与学中的应用。作为教育工作者，我们经常会遇到范式的改变，因此我们需要以最新教育理论和实践为基础的教学体系和书籍。第一章基于相关研究将"+1"教学法的实施情景化、合理化，从而最大限度地将"+1"教学法转化运用到教学之中。"+1"教学法参考了共同核心州立标准和21世纪技能，融合了过去的研究成果和最新的研究成果，将有助于学生提高成绩。下一章将更详细地探讨这些概念，并研究"+1"教学法的12个要素中的4个要素。

本章关键词

- 21世纪技能
  - 学生技能清单
- "+1"教学法
- 项目式学习的意义与目的
- 泰勒的学习三大原则
- 行动计划
- 计划要以终为始
- 常见问题
- 哲学和心理学理论
- "+1"教学法的12个基本要素
  - "+1"教学法示意图
- 职业发展

Navigating the Road

第二章
通过"+1"教学法计划项目式学习

"+1"教学法的实施需要经过深思熟虑的计划,并需要在战略上对实施教学有指导作用。就像规划自驾游时需要地图的帮助一样,同样的道理也适用于该教学体系。为了确保实施"+1"教学法的结果的可持续性,本章为实施"+1"教学法需注意的12个基本要素中的4个——标准、大概念、普适性概念和关键问题提供了行动指南。尽管教师在计划时有必要考虑全部的12个基本要素,但本章涉及的4个要素需要从战略上进行计划,从而快速启动整个过程。总体而言,"+1"教学法的12个基本要素可以分为7个相互关联的要点,这些要点将在第二章、第三章和第五章中详述。表2.1阐明了不同章节的要点,表2.2提供了"+1"教学法的计划模板。

表2.2提供的综合性计划模板是专门为支持教师参与"+1"教学法而设计的。为了进行综合性计划,"+1"教学法示意图中的12个要素(表1.3)在表2.2中都有体现。为了节省纸张和时间,我们将模板设计成一页,以便教师使用。教师可以在一天之内填写完该模板。当然,如果有老师可能还需要更大的空间和更多的时间来设计,也是完全可以的。更重要的是,该计划模板也可供学生使用。教师可以很容易地把它发送至电子邮箱、布

表2.1 "+1"教学法要点

第一部分——计划
第二章
要点1：计划学习项目可参考的准则和标准 **要点2**：主题选择和大概念汇总 **要点3**：普适性概念和关键问题
第二部分——管理
第三章
要点4：项目目标制定 **要点5**：针对性探究、学习活动和调查（研究）
第三部分——评估
第五章
要点6：提出建议、项目展示 **要点7**：写作评估、反思与承诺

表2.2 "+1"教学法计划模板

教师姓名：　　　　　　"+1"教学法主题：　　　　　　日期：

大概念	普适性概念			关键问题		
标准	项目目标					写作评估
	针对性探究	学习活动	调查（研究）	提出建议	项目展示	
						反思与承诺

置进家庭作业、张贴在教室或放在教师的个人网站上，以作为学习课题的单元计划的直观展示。表2.2可用于两个单元计划模板——"教师单元计划"和"学生单元计划"——的创建。在教师创建一个单元模板的同时，学生也要创建属于自己的单元模板。这就是"我做你学"的学习方法。我支持这种模式：如果一个人没有见过彩虹，他是画不出彩虹的。因此，这里为读者提供了一个"彩虹样板"。学生也是如此。一些学生比其他学生更需要示范，这些模板可以让他们清楚教师期望他们知道什么和做什么。在本书结尾，读者可以制定好属于自己的完整版单元计划，附录B中也附有其他模板供读者参考。本章随后将重点讨论培养设计"+1"教学单元的能力。

要点1：计划学习项目可参考的准则和标准

评估准则的一般目的是为所有学习者提供一个绩效标准。"+1"教学法对于12个要素中的每个要素都有绩效预期，教师需要一个评估准则来衡量实施的熟练程度和有效性。如果没有准则，就很难衡量绩效结果。如果有准则，教师们就更清楚在这个过程中应该如何计划、计划什么。

表2.3就是一个计划准则，旨在为"+1"教学法的12个要素提供清楚、明确的预期。表中有三个层次的能力水平——入门级、新星级和卓越级。虽然教师在准备"+1"教学法时可能展示出不同的水平，但是计划准则对于不同的实施阶段都给予了重视与尊重。由于个人的学习水平的差异，一些教师可能需要更多的实践与时间才能达到更高水平的标准，但关键是从现在的位置开始，而不是停滞于此。教师首先需要着手开始，然后才能做得更好。经过一定的时间和不断的实践，计划过程会变得越来越顺畅和轻松。

表2.3是专门为"+1"教学法设计的。当然，教师可以找到包含类似要素的其他准则，但是我强烈建议教师在进行教学计划时使用本准则，

表2.3 计划"+1"教学法可参考的准则

"+1"教学法要素	入门级	新星级	卓越级
标准	英语、数学、科学、历史/社会研究、艺术或体育的标准,明确什么是学生应该知道和做到的内容。	两个或多个学科的具体标准,明确学生应该知道和做到的内容。	整合多种标准,明确学生应该知道和做到的内容,包括听、说、读、写以及语言标准。
大概念	与学习主题相关的总体思想。	与学习主题相关的总体和具体思想。	与学习主题相关的思想,具体、跨学科的特点。具有范围广,具
普适性概念	与大概念和学习主题相关的概括说明。	与大概念和学习主题相关的主题性本质概括说明。	对大概念和学习主题的主题性本质概括说明和深入的概念性理解,可适用于学科内和跨学科背景。
关键问题	与学习主题相关的开放式问题,包括大概念。	首要问题,包括大概念,并使学习主题情境化。	可转化应用、可辩、可引导进一步探究且跨学科的首要问题,包括大概念,并使学习主题情境化。
项目目标	包括学生应知道和做到的内容的行动号召。	包括学生应知道、做到和产出内容的行动号召。	包括思维技巧(思考)、知识内容(知道)、资料资源(来源)和产出结果(行动)的行动号召。
针对性探究	与大概念和学习主题相关的一般问题。	与大概念和学习主题相关的一般问题和具体问题。	包括一般问题、具体问题,拓展问题和探究的一系列问题,与大概念和学习主题相关。

[续表]

"+1"教学法要素	入门级	新星级	卓越级
学习活动	与学习主题相关的任务，包括低水平的认知需求（记忆）。	与学习主题相关的任务，包括中低水平的认知需求（记忆、理解和应用）。	多层面的任务，使情境化的学习主题贯穿全部层次水平认知需求的各个层面（记忆、理解、应用、分析、评价和创新）。
调查（研究）	研究相关资料，旨在如何使学习主题情境化。	研究来源可靠可靠的第一手和第二手资料，旨在如何使学习主题情境化。	可靠的第一手和第二手信息使学习主题情境化。研究还包括"四个维度"（即随时间变化的趋势、多角度、技术进步和预测）。
提出建议	提出与项目相关的建议。	提出的建议是有研究证据支撑的，并与项目相关。	提出的建议是有研究证据支撑的，包括对效益的解释，并与项目相关。
项目展示	与学习主题相关的项目展示，包括研究发现，以及一些演讲技巧因素（声音、眼神、着装、自信、吸引力和简洁）的考虑。	与学习主题相关的项目展示，包括研究发现，为针对性探究所提供的答案，以及一些演讲技巧因素和说服技巧因素（精神、共鸣、理性）的考虑。	与学习主题相关的项目展示，包括研究发现，为针对性探究所提供的答案，一些演讲技巧因素和说服技巧因素的考虑，并关联普适性概念和关键问题。
写作评估	撰写符合写作标准并基于研究的小论文。	撰写符合写作标准、基于研究、使用学术词汇的小论文。	撰写符合写作标准、基于研究、并回答了项目式学习范式的三个关键问题的小论文。
反思与承诺	对该课题的反思和理解。	反思和理解21世纪技能、大概念、普适性概念，以及关键问题。思考下一次在哪些方面可以有不同的做法。	反思和理解21世纪技能、大概念、普适性概念，以及关键问题；思考下一次在哪些方面可以有不同的做法；承诺与团队和其他人拓展和分享项目。

因为教师体验"+1"教学法的完整体系时需要一个包含12个基本要素的准则。

为什么要有参考标准

标准为不同的内容提供了指导并提出了期望,其中涉及的技能和概念旨在帮助学生为升学做好准备,最终为上大学做好准备。就"+1"教学法而言,标准可以让学生明确在整个项目中应该知道什么和能够做到什么。教师必须敏锐地意识到哪些标准应该强调和加以重视,并为此做出相应的计划,与此同时,学生也必须非常清楚达到某一学习目标需要掌握哪些标准。如果学生不知道他们必须要掌握的知识和技能,那么我们也不能指望他们做到掌握。因此,标准是"+1"教学法教学过程中必不可少的一部分。

但是仍然存在一个问题:如果你的学科或大学课程没有设定标准,那么在这种情况下,应当怎么办?我强烈建议教师灵活运用本章所概述的素养标准。大学教授可以考虑将升学和就业准备(the College and Career Ready,CCR)的锚定标准嵌入到他们的课程目标中。如果学生要在大学里学业有成,并在全球竞争中脱颖而出,他们必须受过良好的教育,因为大多数工作和职业都涉及某种形式的阅读、理解和听说。尽管有些工作和职业不如其他的工作那样需要写作技能,但是几乎所有的学前教育至高中教育(K–12)和大学课程都涉及了写作,甚至数学课程和技术课程也包含一些写作的元素,特别是要求学生解释其推理或者证明的时候尤为如此。学生必须学习如何有效地使用语言,包括阅读、写作和听说的技巧。具备读写能力也是成功实施"+1"教学法的关键,因为教师和学生在教学过程中必须有口头沟通、书面交流和数字通信的参与。

语言文学与数学教育标准

新的美国共同核心州立标准(CCSS)影响涉及全美国范围。一方面,共同核心州立标准被视为具有政治党派立场,从而饱受质疑与争议。另一方面，共同核心州立标准又被视为便利可行和公平合理的标准原则。本书不会就这两方面进行争论；相反，我们将把共同核心州立标准的相关内容应用到"+1"教学法的过程中，即使你的学校并没有采用共同核心州立标准，你仍然可以把本书中提到的这些标准应用在你的学校中，或者采用与你学校相关的内容标准和成绩进行测量。

广义来说，共同核心州立标准是一项参与共同核心州立标准规划的美国各州采纳的英语和数学的国家标准，目前已经正式被40多个州所采用。与21世纪技能类似，新的共同核心州立标准旨在教会学生深入了解概念性知识，为学生做好升学和就业的准备。学生们应在接受教育后具备以下能力：

- 表现独立性
- 构建内容性知识
- 回应受众、任务目的和学科的不同要求
- 理解和批判
- 重视证据
- 熟练并富有策略地使用技术和数字媒介
- 了解其他观点和文化

根据特里林和法德尔的研究，为了成为富有成效的21世纪的社会贡献者，学生们需要快速学习核心内容，"与此同时掌握工作和生活所需的学习、创新、技术和职业技能的基础"。共同核心州立标准便强调了这些"基础"。其所支持的学习经历鼓励知识的转化和应用，有助于学生提升在美国和全球的竞争能力——这也是"+1"教学法的一个重要目标。

如前一章所述，"+1"教学法是已有课程的补充。教师可以通过日常课程掌握特定等级的标准，而一般标准则可以通过"+1"教学法的项目来掌握。例如，一般标准可能更适用于与无家可归现象、全球变暖或交通问题主题相关的项目，对于这些项目而言，英语、数学、科学、历史、体育或艺术的一般标准可能比特定等级标准更加适用。一般标准可以包括以下内容：

- 升学和就业准备（CCR）的锚定标准
- 数学实践标准
- 科学和工程实践（新一代科学教育标准）
- 历史和社会研究标准
- 体育教育标准
- 视觉和表演艺术标准

对于那些没有内容标准的课程，建议教师在规划"+1"教学法时，根据"升学和就业准备的锚定标准"进行制定。锚定标准是跨学科的，可以支持所有学生的学识培养，适用于任何项目。大学教授在计划课程时，同样可以参考这些标准。参考这些标准有利于促进基础教育到大学教育衔接的连贯性，帮助学生适应大学生活的变化。

注意表2.4中包含的语言域。语言锚定标准关注了惯例用法、语言的使用和词汇的习得，这些技能对于做好升学和就业准备尤其重要。在大学阶段，学生应当使用学术性的词汇清晰地表达观点，并了解语法和句法方面的惯例。学生必须在报考大学或开始职业生涯之前掌握这些技能。

在进行计划时，有些锚定标准比其他的标准有更大的指导意义，但是这四个领域——阅读、写作、听说和语言——对于实施"+1"教学法都至关重要。在进行单元教学计划时，请思考以下的锚定标准：

- **阅读锚定标准7（Reading AS 7）：** 从视觉效果、体量和遣词造句等方面整合和评估不同媒体和格式呈现的内容。
- **阅读锚定标准9（Reading AS 9）：** 分析两个或多个相似主题的文本，以便构建知识或比较作者所采用的方法。

- **写作锚定标准6（Writing AS 6）**：运用包括互联网在内的技术来创作和出版作品，并与他人一起进行互动与合作。
- **写作锚定标准7（Writing AS 7）**：根据重点问题开展短期和长期的研究项目，理解调查对象。
- **听说锚定标准1（Speaking and Listening AS 1）**：与多元化的合作伙伴一起准备并高效地参与广泛的对话与合作，在其他人思想的基础上构建自己的思想，并能够清楚地、有说服力地表达出来。
- **听说锚定标准4（Speaking and Listening AS 4）**：提供信息、调查结果，以及支持性证据，使听者可以理解推理的思路、语篇的组织和发展，并且语体风格符合任务、目标和受众的要求。
- **语言锚定标准1（Language AS 1）**：写作或讲话时使用符合标准英语的语法和惯例用法。
- **语言锚定标准4（Language AS 4）**：根据具体情况通过利用上下文线索，分析有意义的词部以及参考一般或专业参考资料等方法来确定或明确未知或多义的单词和短语的意义。

我强烈建议读者在进行计划时使用这些锚定标准。很多概念都已经在单元教学中教过了，但是最重要的是教师需要考虑全部四个领域。

数学实践标准是优秀数学教学的一般指导准则。根据共同核心州立标准，数学实践"描述了多种各年级的数学教育工作者应该努力培养学生掌握的专业知识和技能。且该实践依赖于一个重要因素：'步骤与熟练程度'——这也是在数学教育中的长期重要因素"。学生最好在上大学和入职之前就已经培养好他们的这些数学能力。埃弗雷特认为，数学实践可以培养学生的数学思维，使他们能够在其周围的世界里发现数学。"+1"教学法项目以现实世界的真实任务为中心，提高学生对周围世界的认知。因此，

表2.4 升学和就业准备锚定标准

英语语言文学

	阅读		写作		听说		语言
关键的思想与细节	1. 仔细阅读，明确文章的意思，并使之合乎逻辑；在写作或讲话时，引用具体的文本论据，支持从文本中得出的结论。 2. 确定中心思想或主题，并分析文章脉络的发展；总结关键的支持性细节和思想。 3. 分析个体、事件和思想是如何在理解文本的过程中发展与互动的，并分析其中的原因。	文本类型和写作目标	1. 通过有效推理和相关论据的充分论证，撰写论点以支持实质性主题或文本的分析。 2. 撰写信息性解释性的文本，通过对内容进行有效的选择、组织和分析，清晰准确地传达复杂的思想和信息。 3. 通过运用有效的写作技巧，精心挑选细节，以及用心设计文章结构，合理安排事件的顺序，撰写故事把真实或想象的经历或事件描述出来。	理解和合作	1. 与多元化的合作伙伴一起准备并高效地参与广泛的对话与合作，在其他人思想的基础上构建自己的思想，并能修清楚地、有说服力地表达出来。 2. 从视觉效果、体量和表述等方面整合与评估不同媒体和格式呈现的信息。 3. 评价演讲者的观点、论证及论据和修辞的使用。	惯例	1. 写作或讲话时使用符合标准英语的语法和惯例用法。 2. 写作时使用符合标准英语的大小写、标点符号和拼写惯例。
阅读技巧和篇章结构	4. 解释文本中使用的单词和短语技术含义、内涵意义和比喻意义，并分析为何选择特定单词形成了特定的意义或语气。	写作的传播效果	4. 撰写的文章清晰连贯，其语言展开，语言组织、语体风格与任务、目标和读者相适应。 5. 根据需要，通过计划、修改、编辑、重写或尝试新的方法提升写作水平。	表达知识和思想	4. 提供信息、调查结果以及支持性证据，使听者可以理解推理的思路，语篇的组织和发展，并目语言、体风格符合任务、目标和受众的要求。 5. 富有策略地使用数字媒体与数据，从而更清晰地表达信息，增进受众对项目展示的理解。	语言	3. 运用语言知识理解不同语境下的语言功能，从而在进行阅读或听讲时可以有效地理解语义或语言风格，并有更全面的理解。
						词汇习得与使用	4. 根据具体情况通过用上下文线索，分析有意义的词部以及参考资料等方法来专业明确或明未知或多义的单词和短语的意义。 5. 对词汇之间关系的理解和词义上的细微差别进行说明。

062

第二章 通过"+1"教学法计划项目式学习

[续表]

词汇习得与使用	6. 为充分做好升学和就业的准备，达到一定的阅读、写作、演讲和听力水平，从而准确地获取和使用一系列一般学术性和特定领域的单词和短语；遇到对内容的理解或表达都重要的未知词语时，可以独立地收集词汇知识。

表达知识和思想	6. 使演讲适应各种各样的情景和交际任务，在必要或恰当的时候，运用正式的英语。

关键

组织性要素（灰方框）	
阅读锚定标准	10
写作锚定标准	10
听说锚定标准	6
语言锚定标准	6
总的锚定标准	32

写作的传播效果	6. 运用包括互联网在内的技术来创作和出版作品，并与他人一起进行互动与合作。
知识呈现的研究	7. 根据重点问题开展短期和长期的研究项目，理解调查对象。 8. 从多种印刷品和数字资源中，收集相关信息，评估其可靠性和准确性，并整合这些信息，同时避免抄袭。 9. 从文学文本或说明文本中获取论据来支持分析、反思和研究。
范围	10. 在一段持续的给定时间（用于研究、思考和修订的时间）和一段较短的给定时间（一两天）内，为一系列的任务、目的和受众进行例行写作。

阅读技巧与篇章结构	5. 分析文本结构，包括句子、段落和正文的较大部分（例如章节、场景或小结）如何相互关联和与整体相关联。 6. 评估观点或目的如何塑造内容和文本风格。 7. 从视觉效果、体量和遣词造句等方面整合和评估不同媒体和格式呈现的内容。
知识整合	8. 划定和评价论点和文本中的具体观点，包括论证的有效性以及论据的相关性和充分性。 9. 分析两个或多个相似主题的文本，以便构建知识或比较作者所采用的方法。
复杂性	10. 独立并熟练地阅读和理解复杂的文学文本和说明文本。

① 改编自维罗妮卡·冈萨雷斯（Veronica Gonzalez），博士，洛杉矶联合学区（LAUSD），2014年。

063

数学实践对于与数学相关的项目是适用且有用的。本书中提及的八种数学实践是：

数学实践1（MP1）：理解问题，并坚持解决问题

✓ 精通数学的学生首先会自我解释问题的意义，并寻找问题解决的切入点。

数学实践2（MP2）：进行抽象和定量的推理

✓ 精通数学的学生会理解数量以及数量在问题情境中的关系。

数学实践3（MP3）：构建可行的论点并批判他人的推理

✓ 精通数学的学生在构建论点时，会理解和使用给定的假设、定义和先前成立的结论。

数学实践4（MP4）：数学建模

✓ 精通数学的学生可以应用他们掌握的数学知识解决每天在生活、社会和工作中出现的问题。

数学实践5（MP5）：策略性地使用适当的工具

✓ 精通数学的学生在解决数学问题时考虑可利用的工具。

数学实践6（MP6）：注重精确

✓ 精通数学的学生总是试图向他人精确地表达思想。

数学实践7（MP7）：寻找并利用结构

✓ 精通数学的学生仔细观察模型或结构。

数学实践8（MP8）：通过重复推理，寻找并表述规律性

✓ 精通数学的学生会注意计算是否重复，既寻找一般方法，又寻找捷径。

教师在规划时还可以使用其他的英语语言文学和数学标准。上述所列的标准是建议用于"+1"教学法单元的教学标准，它们是美国K–12教育阶段的共同核心州立标准在英语语言文学和数学方面的剪影。共同核心州立标准还提供历史或社会研究、科学和技术科目的素养标准。这些标准侧重于教授关键思想和细节、阅读技巧与篇章结构以及学科的知识整合，同时也涉及思想组织、溯源、推理、陈述和反诉，从文本、分析中发现论据以及开展研究方面的技巧——这些概念均适用于"+1"教学法。总的来说，重要的是请记住学生的成功取决于如下这些标准：

- 要基于研究和证据
- 要清晰、易懂、标准统一
- 要符合升学和就业期望
- 基于全面而有针对性的内容，通过更高层次的思维技能对知识的应用情况
- 要基于现行标准的优点和教训
- 要吸取其他先进国家的成功经验，为学生在全球化经济和社会竞争中取得成功做好准备

科学与工程学教育标准

美国国家科学院的全国研究理事会（NRC）在制定新一代科学教育标准和发展新一代K-12科学教育框架的过程中起了重要作用。新一代K-12科学教育框架包括八种科学和工程方面的实践，是所有K-12年级学生必须学习的内容。该框架的第三章描述了科学和工程的八种实践，并给出以下理由阐释其重要性：

> 科学实践有助于学生理解科学知识如何发展；有助于学生直观认识到调查、展示和解释世界的不同方法。同样，工程实践有助于学生理解工程师的工作，以及工程和科学之间的联系。参与这些实践还有助于学生理解科学和工程学交叉学科的概念和形成跨学科的思想，而且可以使学生积累更多有意义的知识，并将这些知识更深入地融入进

他们的世界观中。

思考这八种实践的重要性以及如何把它们应用到你的规划中：

实践1：提出问题（科学）和定义问题（工程）

✓ 任何年级的学生都应该能够互相提出问题，这些问题可以是关于他们所阅读的文本，也可以是关于他们所观察到的现象特征，还可以是他们从模型或科学研究中得出的结论。对于工程学而言，学生应该提出问题来定义要解决的问题，并找到其解决方案。

实践2：开发和使用模型

✓ 建模教学可以从低年级的学生开始，学生的开发和使用的模型从一开始具体的"图片"或物理模型（如玩具车）发展到之后更高年级学习的更加抽象的相互关联的模型，例如表示系统中特定物体力的图表。

实践3：设计和开展调查研究

✓ 学生应该在K–12教育阶段有机会设计和开展几种不同类型的调查研究。各级学生都要参与调查，调查范围可以从那些由教师设计、用以阐释学生们不太可能自行探索的议题或问题（例如，测量材料特性）开始，直至那些由学生自己提出的问题。

实践4：分析和解释数据

✓ 数据一旦收集，就必须加以分析，以某种可以揭示模型和关系的形式呈现，并且可以把数据结果转化应用给其他人。因为原始数据可供参考的意义较小，科学家们主要的做法是通过制表、绘图或者分析统计数据的方式来组织数据和解释数据。这样的分析可以揭示出数据的意义及其相关性，并使其可以当作论据使用。

✓ 工程师同样需要根据证据，决定某一给定的设计是否可行；他们很少依赖反复试验。工程师通常通过创建模型或原型进行分析，同时收集大量关于方案在各种条件下（包括极端条件）如何运行的数据。分析这类数据不仅可以让工程师了解设计方案，对方案性能进行预测或评价，而且也有助于明确或澄清问题，确定经济可行性，评估备选方案，并探讨方案失败的原因。

实践5：运用数学和计算思维

✓ 尽管数学和计算思维在科学和工程学中如何应用存在着差异，但是通过使工程师以数学的形式应用科学理论，使科学家使用由工程师设计的强大信息技术，数学往往可以将这两个领域联系起来。因此，这两类专业人士可以完成调查、分析并构建复杂的模型。如果没有数学构建的联系，这样的运用是不可能实现的。

实践6：建构解释（科学）和设计解决方案（工程）

✓ 科学的目标是构建理论解释世界。当有多个实验数据支撑一个理论，且这一理论比以前的理论更能解释问题时，人们就接受这一理论了。

实践7：基于证据的论证

✓ 科学和工程研究应该形成一种为促进和维护新观点或是解读一种现象和标准所必需的论证过程。本着这一精神，学生们应该论证他们构建的观点，支持自己对收集的相关数据进行的解读，并维护自己提出的设计方案。

实践8：获取、评价和交流信息

✓ 任何理工科的教育都需要发展学生阅读和撰写特定领域文本的能力。因此，科学课或工程课在某种程度上都是一门语言课，特别培养了阅读和撰写与科学和工程学相关的文本的能力。

这八项科学和工程学实践均适用于"+1"教学法的过程。这些实践是密切相关的，它们强调探究、调查、构建模型和分析数据的能力。在支持综合素质体系方面，实践8表明，"科学课或工程课在某种程度上都是一门语言课……"这一表述与事实完全相符。不管主题如何，所有课程都是语言课。学生在学习时必须阅读、写作、听说以及使用语言。正因如此，所有学科都应将语言素养作为进行教学实践的关键因素，围绕语言素养的四个领域进行有目的的设计。

历史与社会科学教育标准

美国每个州都有历史/社会研究的内容标准。虽然我不能参考每一个州的州立标准，但是加利福尼亚州（以下简称加州）的历史/社会研究标准可以成为"+1"教学法规划的一般指南。这些标准包括与共同核心州立标准和新一代科学教育标准相似的主题。这些标准除了特定等级的标准外，还包括K–5阶段和6–12年级阶段的"历史和社会科学分析技能"，其目的是教授知识推理、思考和研究技能。这项一般标准可适用于"+1"教学法项目，同样也可在加州之外推广。

K–5阶段的历史和社会科学分析技能包括：

时间和空间思维

1. 学生可以把正在学习的历史重要事件和人物以时间顺序和空间顺序进行排序；对（历史事件）年表进行解释。

2. 学生可以正确运用与时间有关的词语，例如过去、现在、未来、十年、世纪和一代人。

3. 学生可以解释现在与过去的联系，找出两者的相同点和不同点，以及清楚有些事情会随着时间的推移而改变，但是有些事情会保持不变。

4. 学生可以使用地图和地球仪来确定地点的绝对位置，并通过地图或地球仪的图例、比例尺和符号表示来解读信息。

5.学生可以判断地点的相对位置的重要性（例如，靠近港口，在贸易路线上），并分析随着时间的推移相对优势或劣势是如何变化的。

研究、证据和观点

1.学生可以区分第一手和第二手资料来源。

2.学生可以就他们在历史文件、目击者的叙述、口述历史、信件、日记、文物、照片、地图、艺术品和建筑中遇到的某个事件提出相关的问题。

3.学生可以通过比较真实的与虚构的历史人物和历史事件，来辨别事实与虚构。

历史解释

1.学生可以总结他们所研究的时代的关键事件，并解释这些事件的历史背景。

2.学生可以识别他们正在研究的地域的人文特征和物理特征，并解释这些特征如何形成本地的独特性。

3.学生可以识别并解释历史事件的多重原因和影响。

4.学生可以对历史事件和当前事件进行成本效益分析。

6-12年级的历史和社会科学分析技能包括：

时间和空间思维

1.学生可以解释重大事件是如何相互关联的。

2.学生可以根据正在研究的关键事件、人物和历史时期列出各种大事纪年表。

3.学生可以使用各种地图和档案来识别不同社区、城市、州和国家的自然和文化特征，并解释人类历史上的迁徙、帝国的扩张和解体以及经济体系的增长。

研究、证据和观点

1. 学生可以提出通过学习和研究历史来解答的问题。

2. 学生可以区分历史叙事和历史故事中的事实与观点。

3. 学生可以从历史叙事和历史故事中区分相关信息和无关信息、必要信息和附带信息、可核实信息和无法核实信息。

4. 学生可以评价第一手和第二手资料的可信度，并从中得出可靠的结论。

5. 学生可以发现重大历史事件中的不同历史观点，并明确历史观点提出时的背景（提出的问题、采用的资料来源、作者的个人立场观点）。

历史解释

1. 学生可以阐释过去历史事件的核心议题和问题，把人物和事件置于时间和地点的特殊社会环境中。

2. 学生可以理解并区分历史事件的原因、结果、顺序、关联，包括长期和短期的因果关系。

3. 学生可以解释历史连续性的来源，以及思想和事件的结合如何引发新格局的出现。

4. 学生可以认识到机遇、疏忽和失误在历史上的作用。

5. 学生可以认识到随着新信息的不断揭示对历史的解读可能会发生改变。

6. 学生可以解读经济表现的基本指标，并对经济和政治问题进行成本效益分析。

重申一下，上述的英语语言文学标准、数学标准、科学标准和历史/

社会研究标准只是美国K-12教育核心内容标准的简要说明。教师还应该注意到升学和就业准备的锚定标准、数学实践、新一代科学教育标准的科学和工程实践及历史和社会科学分析技能之间的关联性。这些在一般标准中被反复提及的主题至少包括如下内容：

- 探究/问题
- 研究/调查
- 证据
- 信息来源（第一手和第二手资料）
- 模型
- 分析
- 推理
- 论证
- 事实性知识
- 程序性知识
- 概念性知识
- 解决问题
- 沟通
- 批判性思维

这些技巧和主题自始至终地贯穿于"+1"教学法的整个过程之中。因此，标准对于计划不仅是至关重要的，而且也是互为补充的。此外，标准还可以确保学生学到在今后的学业、事业和生活上取得成功所必需的技能与知识。

体育教育标准

体育教育的学术标准也同样适用于"+1"教学法项目。尽管每个州都有自己的体育标准，但是大多数州的体育标准在运动、健身和健康的主题上是一致的，教师可以选择使用本地区的标准或加州的小学、初中和高中生通用的标准：

中小学

标准1：学生能够掌握进行各种体育活动所需的运动技能和动作模式。

标准2：学生能够掌握运动概念、原则和策略的知识，促进体育活动的学习，提升运动成效。

标准3：学生能够评估并保持良好的健康水平，从而提升身体素质，提高运动成绩。

标准4：学生能够掌握健康理念的知识、原则和改善健康方面的策略。

标准5：学生能够掌握和运用心理学和社会学的概念、原则和策略的知识，促进体育活动的学习，提升运动成效。

高中

标准1：学生能够掌握进行各种体育活动所需的运动技能、动作模式和策略方面的知识和能力。

标准2：学生在掌握健身概念、原则和策略知识的同时，可以保持身体健康并提升运动成效。

标准3：学生掌握心理学和社会学的概念、原则和策略的知识，促进体育活动的学习，提升运动成效。

"+1"教学法的跨学科性支持具有体育标准的项目。例如，学生可以发起一项调查研究，调查关于普拉提、瑜伽、职业运动员的训练营、饮食或健身方面的主题。这些主题与中小学标准4和高中标准3相匹配。还可以探索其他与体育标准相关的主题。

视觉和表演艺术标准

艺术表现和表演艺术深深植根于社会。米开朗基罗有句名言："我在大理石中看见天使，于是我不停地雕刻，直至使他自由。"在某种意义上，看到学生的潜能，并为他们雕刻通往未来成功的教育之路是教育者义不容辞的责任。通过艺术，学生们可以掌握为他们今后的大学、就业和生活做好准备的技能。美国大多数州已经为K-12教育阶段采用了视觉和表演艺术标准。教师可以根据自己所在州的视觉和表演艺术标准或者加州的标准进行设计计划。探讨过一般标准之后，接下来探讨的是五个重要方面，它们是用于舞蹈、音乐、戏剧和视觉艺术的组织标准。如下所示，下面的例子说明教师是如何根据这五个方面和一般标准的要求来组织视觉艺术的。如需了解舞蹈、音乐和戏剧的一般标准，可参见附录A。

1. 艺术表现

- ✓ 通过独特的视觉艺术语言和技能，处理、分析和回应感官信息。
- ✓ 学生感知并回应艺术作品、自然物体、事件和环境。并使用视觉艺术词汇来表达自己所观察到的事物。

2. 创造性表达

- ✓ 创造、表演和参与视觉艺术。
- ✓ 学生运用各种艺术方法和技巧，使用各种媒介来传达原作的意义和意图。

3. 历史和文化背景

- ✓ 了解视觉艺术的历史贡献和文化维度。
- ✓ 学生分析在全世界古今文化中视觉艺术的作用与发展，注意到人类的多样性及其与视觉艺术和艺术家的关联。

4. 审美价值

- ✓ 对视觉艺术作品做出反应、分析和判断。
- ✓ 学生根据艺术元素、设计原则和审美品质的原则，分析、评价艺术作品（包括他们自己的作品），并从中抽取有意义的信息。

5.联系、关系及应用

✓ 学生将他们所学的视觉艺术应用于其他艺术形式、学科领域和职业发展。

✓ 学生将他们所学的视觉艺术应用于整个学科领域。培养解决问题、交流沟通以及对时间和资源进行管理等方面的能力和创造性技能，这些能力和技能将有助于学生终身学习能力和职业技能的培养。此外，他们还将了解一些与视觉艺术相关的职业。

在我制定样本单元教学计划时，跨学科的通用标准概述帮助了我决定使用哪些标准。即使在不知道学习主题的情况下，我也确信学生们可以读、写、说、听并使用语言。因此，我将会从选择"升学和就业准备的锚定标准"开始。另外，整个设计计划过程中也可以删除或添加标准。

注意，表2.5中的锚定标准可与所有学习主题相关。因此，读者可以轻松地为单位教学计划选择相同的标准。这些锚定标准不管是对于教师还是学生都是可以理解的。表2.5中的标准与"+1"教学法的目标和期望直接相符：

- **阅读锚定标准7**：评估不同媒体的内容
- **写作锚定标准6**：使用技术进行交流和合作
- **写作锚定标准7**：基于重点问题开展研究项目
- **听说锚定标准4**：提供有论据支持的信息
- **语言锚定标准1**：当写作或讲话时，运用标准英语的语法和惯例

表2.5 "+1"教学法的单元模板标准

标准
升学和就业准备（CCR）的锚定标准（AS）
阅读锚定标准7： 从视觉效果、体量和遣词造句等方面整合与评估不同媒体和格式呈现的内容。
写作锚定标准6： 运用包括互联网在内的技术来创作和出版作品，并与他人一起进行互动与合作。
写作锚定标准7： 根据重点问题开展短期和长期的研究项目，理解调查对象。
听说锚定标准4： 提供信息、调查结果，以及支持性证据，使听者可以理解推理的思路、语篇的组织和发展，并且语体风格符合任务、目标和受众的要求。
语言锚定标准1： 当写作或讲话时使用符合标准英语的语法和惯例用法。

练习与实践

你认为自己的教学单元模板会采用什么标准？请注意，你现在还不需要知道学习主题。现在是练习和熟悉项目的应用标准的时候。请在下面所提供的表格中填写自己的标准：

标准

如上所述，"+1"教学法包含一个围绕项目展开的探究和调查周期，项目融合了精准教学理念、技术和实际运用以及21世纪技能。学生在参与这个过程时提升了他们的技能，为他们的升学、就业和生活做好了准备。"+1"教学法的计划准则和一般内容标准为实现这些目标设定了预期。本

节提供了全面的标准列表，读者不必在网上搜索计划模板或者浏览跨学科的数百个标准，就能够完成计划模板的标准内容。我运用该标准制定了本书所有的教学单元模板。本书旨在提供一个拿来就用的范式，将读者需要的一切都打包放进去。当读者进行计划时，请记住这一点。

> 思考　提问　转化应用
>
> 思考你在设计和计划中使用过的（或目前正在使用的）准则和标准。这些工具如何影响表现结果和期望？如何把有关"+1"教学法的计划准则和一般内容标准转化应用到你所在的地区、学校或课堂？

要点2：主题选择和大概念汇总

齐默曼认为，学习不是学生被动地学，而是学生主动地学。此外，主动地学习可以激发学生的兴趣，而激发学生的兴趣对于最大限度地挖掘学生的潜力是非常重要的。就像成年人对于他们自己选择的活动（运动、休闲阅读、旅游、户外社交等）会表现出更多的兴趣一样，当学生们参与到感兴趣的活动时，他们也会表现得更加兴奋。当然这不是说那些不感兴趣的学生就不能学习。尽管"不感兴趣的"学生仍可能学习，但是全身心地参与会提高学生的学习兴趣。泰勒指出，教育是学习者自己积极努力参与的过程。兴趣在哪里，哪里就可以作为教育关注的焦点。泰勒进一步指出，旨在培养学生兴趣的学习经历使学生有机会开始探索，并从探索中取得令人满意的结果。

不论处于什么样的地理位置，面对什么样的课堂人群，每一位教师都是在教授多元化的学习者。多元化的学习者指的是学习者的个性和种族、文化、社会经济、宗教和教育背景的不同。多元化学习者不可避免地会有多样性的兴趣。也就是说,"+1"教学法可通过主题选择兼顾学生的各种兴趣。学生有机会选择一个他们特别感兴趣的主题,从而提升学习的参与度和兴奋感。

项目主题的选择

学习主题的选择有很多不同的方法。教师可以和学生一起进行头脑风暴,随机挑选出一些主题,也可以进行头脑风暴选择学生当前正在学习的相关主题,但是两种方法都不能互相取代。主题将随着学生的年级和年龄的不同而变化。表2.6提供了一个示例主题列表,其中列出了学生可以探索的项目主题。尽管如此,学生并不仅限于此列表;学习主题的"沙盒"是包罗万象的。但是,你会发现许多建议的主题并没有在州、学区或学校采用的教科书和课程中突出显示。表2.6中的主题在实际运用中使得学习变得更加有趣和有意义。这些主题在现实世界的实际应用可以帮助学生为升学、职业和生活做好准备,学生可以更有能力将知识转化并应用到不同的学科和个人生活中。"+1"教学法旨在从战略上达到以上这些效果。

由于表2.6中所列的许多主题是一般性话题,教师也可以帮助学生选择一个与一般性话题相关的子话题。例如,学生可以研究棒球这一体育运动的子话题。研究每项运动都是漫长而复杂的,而且工作量惊人。因此,子话题关注的研究项目是一般性话题的某一部分,这可以让学生更深入地进行研究。为了做好就业准备,学生还可以选择"+1"教学法项目中的职业项目。学生们常常渴望从事某特定领域的职业,但是他们可能不知道该职业需要什么。例如,学生可能想当医生或律师,但他们可能不了解该职业的工作细节。"+1"教学法可以给学生提供关于某一职业的更多细节。

在学习主题中,我选择了船舶营运,这是海运业的子话题之一。之所

表2.6 "+1"教学法主题示例

"+1"教学法主题示例	
<ul><li>动物权益</li><li>动物/昆虫</li><li>自然灾害（如地震、龙卷风、飓风）</li><li>雨林</li><li>干旱</li><li>水/水资源保护</li><li>社会生活中的几何图形</li><li>钻石业</li><li>石油和天然气产业</li><li>时尚</li><li>好莱坞/名人</li><li>财富（如继承或获得的财产、资产、特权、人脉）</li><li>媒体/社交媒体</li><li>欺凌</li><li>监狱</li><li>艺术设计（如建筑、绘画、陶器、雕像）</li><li>著名艺术家</li><li>文化美食、艺术、习俗和庆典</li><li>语言（如方言、文化、正式/非正式的语言）</li><li>考古学</li><li>空间探索</li><li>工程学（如土木、电气、化学、计算机）</li><li>科学（如地球科学、物理科学、生命科学）</li><li>STEAM（科学、技术、工程、艺术和数学）</li><li>健康（如疾病、食品消费、饮食）</li><li>发明（如专利、商标、原型）</li><li>技术（如机器人、编码/编程、数字设备）</li><li>买车还是买房</li><li>运输方式</li><li>拥有企业还是创业</li><li>贫困（如农村、城市、社会经济地位）</li><li>海洋学</li></ul>	<ul><li>股票市场（如供求关系、投资）</li><li>营销</li><li>学校</li><li>数学（如公式、蓝图、概念、统计数据）</li><li>政治学</li><li>政治人物</li><li>军事部门</li><li>海运业（如船舶、货物、港口、船员）</li><li>平面艺术设计</li><li>全球变暖</li><li>历史（如时间线、社会、人、宗教）</li><li>历史人物</li><li>政府</li><li>战争</li><li>公民权利</li><li>革命</li><li>种族灭绝</li><li>英雄</li><li>女性英雄</li><li>民间故事</li><li>沟通方式</li><li>体育运动（如美国职业棒球大联盟MLB、美国职业橄榄球大联盟NFL、美国男子职业篮球联赛NBA、美国女子职业篮球联赛WNBA、美国曲棍球联合会NHL、美国职业足球大联盟MLS）</li><li>运动员</li><li>人文</li><li>结构</li><li>无家可归现象</li><li>学院（如私立学校、州立学院、大学、社区大学）</li><li>职业（如白领、蓝领、粉领）</li><li>居住场所</li><li>性别</li><li>法律（如联邦法律、州法律和地方法律）</li><li>合同（如政府、州立、公司）</li></ul>

以选择该话题，是因为我住在一个港口城镇，船舶一直吸引着我。而且我还认识海运业的一些人员——海事官员、水手、工程师、主管、经理和码头工人。更重要的是，我感觉有必要研究船舶营运对日常生活广泛且无处不在的影响力。从食物、衣服和家具再到数字产品、书籍和汽车，几乎所有的物品都是通过船舶运输的。学校和教室里的大部分物品——课桌、椅子、餐桌、电脑和笔记本电脑、液晶投影仪、半导体产品、智能白板、纸、铅笔、钢笔、书本、蜡笔、食物等——在到达学校和教室之前都是用船舶进行运输的。船舶营运是真实世界主题的一个示例，该主题在教科书或学校课程中可能是找不到的。

练习与实践

如上所示，在"+1"教学法示例主题列表中，你的学生可能对哪个主题感兴趣并想要进行探索？请写出三到五个学生们可以利用并在一个周期内进行调查和研究的主题。请使用下面的表格列出你的想法：

可考虑的"+1"教学法主题
1.
2.
3.
4.
5.

如何让学生有动力完成项目

学习动力在学生的学习中扮演着什么角色？从语境上讲，"动力"一词源于"移动"，因此，学习动力的研究就是行动研究。一旦教师激发了学生的兴趣，学生就必定会有动力行动并坚持；但是，仅仅感兴趣是不够的。学生需要感兴趣并被激发动力。宾特里奇认为学习与动力是相互作用的。可以说学生的积极性越高，他们就越愿意学习。作为教育者，我们的责任是优化教学环境，引起学生兴趣，促进有意义的学习和激发学生学习动力。为了指导有关学习动力的计划，教师可以运用有利于提升学习动力的五个概念——兴趣、信念、归因、目标和伙伴关系。下文对每一个概念都一一进行了描述，并配有与"+1"教学法相关的学生实例：

- **兴趣**：学生努力学习对他们来说具有价值的材料。
  - "+1"教学法示例：我对这个项目感兴趣，我将尽我最大的努力。
- **信念**：学生相信他们的努力必会有所回报时，会更加努力地学习。
  - "+1"教学法示例：我将在这个项目中出色表现，因为我知道这将为我的升学和就业做好准备。
- **归因**：学生把他们的成功和失败归因到自己所付出的努力时，会更加努力地学习。
  - "+1"教学法示例：我在项目中投入的精力将决定我的成功或失败。
- **目标**：学生的目标是掌握材料时，会更加努力地学习。
  - "+1"教学法示例：因为我了解我研究的主题，所以我想能够掌握它。
- **伙伴关系**：学生把指导教师当作社会合伙人时，会更加努力地学习。
  - "+1"教学法示例：老师正在和我一起合作，共同建构能力。

这些指标可以帮助教师在"+1"教学法施行过程中衡量学生的学习动力。我们希望学生对于研究的主题感兴趣并有动力完成项目。除了"+1"教学法之外，学生可能没有很多的机会研究他们特别感兴趣的主题。为此，老师和学生应该好好利用学生可以研究的各种感兴趣的主题。在进行计划时，需要注意并考虑到，虽然我们尊重学生的兴趣，但是我们需要意识到"学生可能并不清楚他们是否对不知道的事物感兴趣"。在某些情况下，学生可能不会对他们不熟悉的话题感兴趣。例如，一位老师和学生一起进行头脑风暴，集体讨论与工程相关的话题时，他发现学生只对机械与设计感兴趣。然而，我们知道工程不仅仅包括机械与设计，还包括电气、土木、计算机、科学和化学等其他类别。如果学生事先并不知道其他的工程类型，这并不意味着他们对学习这些类别不感兴趣。当教师和学生一起为学生的项目集思广益，收集不同主题时，教师需要注意以上这些差异。

学生需要掌握的大概念

大概念是与主题、学科或项目相关的一些术语和概念。它们涉及的范围广泛，如跨学科或具体的话题或学科。大概念主要是被当作调查研究的重点。列出大概念的目的是汇总与学生学习主题相关的术语和概念。学生需要明白，思想和概念不是孤立存在的，它们通常与其他思想和概念相联系。大概念可以帮助学生建立这些联系，从而避免支离破碎又杂乱无章的思想所造成的混乱。在"+1"教学法中，大概念与学习主题、原则、普适性概念都相关。本书将在要点3中进一步探讨大概念与普适性概念的关系，解释普适性概念和关键问题。

教师希望学生能快速地为他们的学习主题产生大概念。大概念并不需要复杂、混乱和令人困惑，关键是要确定大概念为什么对于学习主题是很重要的，并要判断哪些大概念值得深入探讨。学生需要深入探讨具体的大概念，而不是探讨所有的大概念，这有助于他们获得和记住概念性知识。没有什么比花几个小时教会学生一个概念更糟糕的了，而且他们会在几周或几天内就忘记这个概念。如果我们希望学生所学的内容是可应用和可转化的，那么首先学生必须记住他们所学的内容。

表2.7 "+1"教学法单元的大概念示例

大概念
运输、船舶营运、货物（进出口）、**系统**、**集装箱港口**、技术、贸易（国内和国际）、规则、安全、合同、**供求关系**、劳工/工会

当我们激发了学生的兴趣，运用"一英寸深"对"一英里宽"[①]的方法教授他们时，就加深了他们对知识的记忆。请参见上文中对船舶营运单元的大概念示例。

教师有必要进行头脑风暴、集思广益，想出几个大概念的好想法，以便学生们在进行研究时有选择的余地。请注意表2.7中的一些大概念被加粗了，表示在船舶营运学习单元中将进一步探索这些大概念。请记住，学生可能没有时间研究所有的大概念，但是教师仍然要问学生，"为什么我们仍然要把不会讲授或学习的大概念放在列表里呢？"这样，学生可能会发现列表里一些原本并不打算进行更深入探究的大概念也会出现在他们的研究中。因此，重要的是把全部的大概念都放在列表里，这样学生们仍可以谈论这些大概念，并可能把这些大概念加入到他们的调查研究中。

练习与实践

从以前制作的列表中选择一个主题。首先，选出五到十个与你的学习主题相关的大概念。请记住，在这个过程中运用"+1"教学法准则来助你一臂之力。之后，请列出全部的大概念，这有助于圈定或重点标记希望学生们进一步探索的大概念。请把你的大概念写在下面。

[①] "一英里宽"是美国学者用来形容科学教育的宽泛浅薄的说法，形容学生不断接受新知识，但不进行深入学习；"一英寸深"与之相反。——译者注

"+1"教学法学习主题：＿＿＿＿＿＿＿＿＿＿＿＿＿＿＿＿＿＿＿＿＿＿＿＿＿＿

大概念	
1.	6.
2.	7.
3.	8.
4.	9.
5.	10.

注：为了保持一致性，请在构建"+1"教学法单元模板时保持学习主题相同。

在已经探讨了引起学生兴趣、激发学生学习动力的目的，和学习主题的选择以及大概念之后，现在我们将准备探索普适性概念和关键问题。

思考　提问　转化应用

思考培养学生的学习兴趣和动力的方法。思考学习兴趣和动力为什么至关重要？如何把有关学生的学习兴趣、动力、主题选择和大概念的知识转化应用到你所在的地区、学校或课堂？

要点3：普适性概念和关键问题

普适性概念是主题性的概括性陈述，旨在深化主题的概念性理解，可应用于学科内和不同学科间。普适性概念包括大概念，其目的是激发和激励学生思考。

对加深学生理解有帮助的普适性概念

普适性概念会培养学生的批判性思维，从学习主题的全局和更为广泛的含义进行思考，从而提升对项目宽度和深度的理解。普适性概念与许多事实相关，并可以用作所学习单元的组织要素或学习重点。泰勒认为，组织对效率和预期结果的影响很大。同样地，"如果学习内容是有内在逻辑的——而非是毫无关联的——那么学生就可以构建自己对于主题、概念或学科的深刻认识和理解"。整个"+1"教学法的过程就是按照以下这种方式组织的——让人们对为大概念和普适性概念拥有更深刻的理解，并使各个要点具有相关性。由于每个要点都得到了进一步的验证，相关性将变得更加显而易见。

表2.8包含了两个独立模板，其中加粗文字为大概念示例，而下方罗列的文字为普适性概念示例。我推荐教师使用这些示例优化教学设计。教师掌握的例子越多，在计划设计教学单元模板时，焦虑感就会越少。请注意，此处所列的大概念和普适性概念可以扩展到其他内容。未提及的大概念有恐惧、悲伤、爱情、悲剧、幸福、毅力、韧性等其他内容。运用表2.8中所提供的示例可以帮助你想出更多的大概念和普适性概念。

表2.8中列出的普适性概念具有广泛性、跨学科性，并与大概念有关联性，同时，这些概念既有主题性，又发人深思且趣味盎然。就单元模板而言，我使用了如表2.7所示的两个大概念——系统和技术——以生成普适性概念。为此，我使用了表2.8将这两个大概念（系统和技术）与船舶营运相关的普适性概念联系起来。

表2.8 大概念和普适性概念示例

大概念和普适性概念		
范式转换 ● 范式转换是不可避免的 ● 范式转换可以是积极的，也可以是消极的 ● 社会进步需要进行范式转换 ● 范式转换有因果关系 ● 范式转换需要灵活性	**多样性** ● 社会应有多样性 ● 多样性可能导致冲突 ● 多样性丰富了交流 ● 进步需要多样性 ● 多样性有成本和收益	**社会正义** ● 社会正义重视平等权利 ● 社会正义是从人人失败中得来的 ● 社会正义是一个乌托邦式的概念 ● 社会正义考虑个人和集体权利 ● 社会正义保护被剥夺公民权的社会成员
文化 ● 文化是复杂的 ● 文化受社会制约 ● 文化随着时间的推移发生变化 ● 文化代代相传 ● 文化身份可能被滥用 ● 文化既具有包容性又具有排他性	**系统** ● 系统包括相互依赖的部分 ● 系统意味着条理性和组织性 ● 系统需要关系 ● 系统受到其他系统的影响 ● 系统可能受到干扰 ● 系统依赖于规则	**技术** ● 技术可提高生产力 ● 技术满足人类的需求 ● 技术需要创新 ● 技术有成本和收益 ● 技术具塑造未来 ● 技术会影响人们的行为和互动方式
社区 ● 社区需要团结 ● 社区具有架构和法律 ● 社区成员支持社区 ● 社区的规模越大，社区的实力就越强 ● 社区即合作	**勇气** ● 勇气需要牺牲 ● 有勇气的人是有智慧的 ● 勇气由社会定义的 ● 勇气需要考验 ● 勇气取决于环境（个人、团体、社会、友谊、家庭、工作、同龄人、学校、演讲、旅游、体育等）	**竞争** ● 竞争促进经济发展 ● 竞争是普遍的 ● 竞争结果会产生影响 ● 竞争需要边界 ● 竞争呈现不同的形式（体育、政治、宗教、商业、媒体等）
生存 ● 生存需要意志力 ● 生存是不放弃 ● 生存者需要信念 ● 幸存者活着就是为了讲述这个故事 ● 幸存者的悔恨是有条件的	**控制权** ● 如果你有控制权，你就有权力；如果你有权力，你就有控制权 ● 控制权有成本和收益 ● 控制权给集团和社会带来秩序 ● 控制权可能被利用或滥用 ● 没有控制权，就没有命令；没有命令，就没有控制权	**创新** ● 创新助动态变化的 ● 创新有利于经济的健康发展 ● 创新推动社会进步 ● 创新需要创造力 ● 创新需要法律和秩序

[续表]

大概念和普适性概念

教育 ● 教育是由文化和社会定义的 ● 教育显示出成功与失败 ● 教育具有成本和收益 ● 教育就是知识，知识就是力量 ● 教育是永恒的	**模式** ● 模式遵循重复结构 ● 模式具有顺序 ● 人类行为遵循一定的模式 ● 模式是可预测和具有自发性的（形式、数字、形状、线条、符号、趋势、数据等）	**真理** ● 真理可以使你自由 ● 真理值得辩论 ● 真理既可以证明又不能被证明 ● 真理是有代价的 ● 真理需要证据
美 ● 美是由文化和社会定义的 ● 美是主观的 ● 美既可以是内在的，也可以是外在的 ● 情人眼里出西施 ● 美是有市场的 ● 美可能被误认是为了满足虚荣心	**营养** ● 饮食健康与否是带有主观性的 ● 营养和运动是相互依存的 ● 营养受地理区域和金钱的影响 ● 营养会产生效益 ● 营养是由文化和社会定义的 ● 营养需要坚持	**友谊** ● 友谊是自愿的 ● 友谊是由牺牲性定义的 ● 友谊是无条件的 ● 友谊会产生影响 ● 友谊没有时间限制 ● 友谊是相互的
忠诚 ● 忠诚可能是不道德的 ● 忠诚是承诺和奉献 ● 忠诚是持久的 ● 忠诚需要边界 ● 忠诚呈现出不同的形式（政治、宗教、组织、关系、职业、婚姻、友谊、父母、子女等）	**关系** ● 关系既可以是自愿又可以是非自愿的 ● 关系随着时间的推移而改变 ● 关系受到价值观和信仰的影响 ● 地位决定关系 ● 关系呈现出不同的形式（人类、成人、孩子、生意、动物、婚姻、员工、主管与员工、家庭、兄弟姐妹等）	**媒体** ● 媒体是一种交流手段 ● 媒体具有倾向性 ● 媒体控制着社会话语 ● 媒体具有包容性和排他性 ● 媒体呈现出不同的形式（电视、互联网、杂志、音乐、报纸、社交媒体、公益广告、商业广告等）
家庭 ● 家庭是由文化和社会定义的 ● 家庭既可以靠血缘关系维系，也可以靠社会关系维系 ● 家庭价值观是主观的 ● 家庭有习俗和传统 ● 家庭第一	**服务** ● 服务需要回报 ● 服务需要承诺和奉献 ● 服务需要牺牲 ● 服务受到价值观和信仰的影响 ● 服务是针对个人的	**正义** ● 正义具有成本和收益 ● 正义既是人为制定的又是人为破坏的 ● 正义是有条件的 ● 正义需要行动 ● 被忽视的正义会带来后果

表2.9 "+1"教学法单元的大概念和普适性概念示例

大概念	普适性概念
运输、**船舶营运**、**货物**（进出口）、**系统**、**集装箱港口**、**技术**、**贸易**、**规则**、**安全**、**合同**、**供求关系**、**劳工/工会**	**系统**的各部分是互相依赖的。 **技术**提高了生产力。

表2.9中，普适性概念中的大概念特别标粗，以体现连续性和一致性。如果大概念和普适性概念之间关联清晰，那么意义就会更加清晰并且减少混淆。教师应尽可能地确保"+1"教学法的基本要素在整个教学单元中连贯一致、相互关联并得到巩固强化。

练习与实践

首先，请从之前制作的列表中挑选一个或两个大概念。然后，请使用表2.8中的模板，找到一两个与这一大概念相关的普适性概念，也可以选择自己生成普适性概念。记住运用"+1"教学法的准则帮助确保教学设计的质量。为了突出相关性，可以把生成的普适性概念中的大概念用画圆圈或下划线的形式来表示。请在下面写出你的普适性概念：

"+1"教学法学习主题：＿＿＿＿＿＿＿＿＿＿＿＿＿＿＿

普适性概念
1.
2.

注意：只要学习主题保持一致，便可以随时返回并调整"练习与实践"中的任务。例如，只要想添加更多的标准、大概念或普适性概念，就可随时添加。

这时，教师应该对于大概念和普适性概念有了更加清楚的认识。如果你在这些领域已经有了一定的专业知识，那么请向同事伸出援助之手，他们也会从中受益。本章最后一部分将讨论一些关键问题。教师对于关键问题的理解将有助于自己的教学设计规划和"+1"教学法的实施。

构成学习主题的关键问题

关键问题是构成学习主题的重要问题，它们可以具有特定学科性或跨学科性。关键问题也可以是可转化应用、可商榷的，并可引发更多的探究和调查。麦克泰格和威金斯提出，这些问题"无法在一节课或一个简短的句子中得到有定论的回答"。学生必须首先用批判性的思维来思考关键问题，然后才能给出答案。值得注意的是，关键问题旨在激发学生可能已掌握的知识之外的思考。麦克泰格和威金斯断言："通过解决这些问题，学习者可以揭示主题的深度和丰富性，否则主题可能会被简单地掩盖。"为了帮助读者确定什么问题是"关键"问题，麦克泰格和威金斯给出了优秀的关键问题的七个定义特征：

1. 开放式问题，也就是说，它通常不会有单一的、最终的、正确的答案。

2. 既发人深思又引人入胜，经常引起讨论和辩论。

3. 需要深层次的思考，比如分析、推理、评估、预测。仅靠回忆是无法有效地回答问题的。

4. 指向重要的、可转化应用的（并且有时）跨学科的观点。

5. 引出更多问题并引发进一步的调查。

6. 需要依据和理由，而不仅仅是答案。

7. 随着时间的推移，问题会反复出现，也就是说，该问题可以而且应该重新再次讨论。

因为"+1"教学法的目的是将在智力上具有挑战性的学习活动整合起来，而关键问题是使整合达到精准的一种途径。我们希望学生在完成项目时会深受启发，学有所成，并可以进行批判性思考。为了帮助读者建立关键问题库，本书提供了关键问题示例。表2.11中的第一个模板为特定学科的关键问题提供建议，而第二个模板为特定主题的关键问题提供建议。读者可能会问一个问题，"特定学科的关键问题与特定主题的关键问题之间有什么区别？"不是所有主题都适合特定学科。例如，表2.6（"+1"教学法示例主题），列出动物权益、运输方式和无家可归等主题，这三个主题并不局限于英语、数学、科学或历史等单独的特定学科。尽管在这些主题中可能有英语、数学、科学和历史学科的元素，但是它们无法由某一特定学科来定义。出于这个原因，我提供了一些特定学科和特定主题的关键问题示例，读者可以使用表2.10提出的关键问题准备自己的单元模板。

表2.10所列的关键问题是可转化应用、可商榷的，并可引发更多的探究。以"是"、"可以"和"应该"开头的问题仍然适用于关键问题。虽然这样开头的问题，回答可能只是"是"和"否"，但是仍然需要解释、论据和推理。例如，"读写能力是个人自立和成功的把关者吗？"和"人们应该买新车吗？"这些关键问题都是可以商讨并需要论据支持的。换言之，这些问题没有对与错的答案。无论学生对这些问题的回答是"是"还是"否"，他们都应该运用论据和推理来解释和证明他们的答案。表2.10中的示例可以指导教师设计教学计划。

关于船舶营运的单元模板，我使用了表2.10中（船舶营运类别之下）的一个关键问题。第二个关键问题与技术和系统有关，是在我的普适性概念中所列的大概念。为了保持前后连贯一致，我使用这些大概念来形成第二个关键问题。表2.11表现了大概念、普适性概念和关键问题内在的一致性。

表2.10 关键问题示例

关键问题示例	特定学科主题的关键问题	
英语 ● 读写能力是个人自立和成功的把关者吗? ● 你必须接受过良好教育才能成功吗? ● 阅读如何将我们与世界联系起来?	**体育** ● 健身能如何改变生活? ● 需要怎么做以保持身体健康? ● 体育是否应该是学校的必修课?	**工程学** ● 如果没有工程师,社会可以进步吗? ● 成为工程方面的专家需要什么? ● 工程学需要多的理论还是更多的实践?
历史 ● 这是谁的"故事"? ● 为什么我的故事很重要? ● 为什么有些民族比其他的民族会得到更多的关注(例如媒体、文章、历史教科书等)?	**外语** ● 社会能否受益于双语公民? ● 我们为什么学习外语? ● 什么让人们觉得外语难以理解?	**音乐** ● 音乐是如何跨越不同的文化的? ● 音乐由什么定义? ● 音乐如何影响人类行为?
数学 ● 数学如何是个人自立和成功的把关者? ● 为什么有些国家在数学方面比别国强? ● 需要怎么做才能成功教学数学?	**人文** ● 文化如何赢得尊重? ● 我们应该如何促进跨文化沟通吗? ● 一种文化是如何影响另一种文化的?	**舞蹈** ● 舞蹈需要节奏吗? ● 优秀的舞者拥有什么品质? ● 是所有形式的舞蹈都应受到同样的尊重?
科学 ● 科学的证据是基于真理吗? ● 所有的理论都可以被检验吗? ● 为什么科学需要调查和研究?	**艺术** ● 艺术由什么定义? ● 是谁决定了艺术的价值? ● 为什么有些艺术比其他艺术更有价值?	**戏剧** ● 戏剧是如何反映现实的表演? ● 什么是优秀的表演? ● 技术是如何影响戏剧的?
计算机/技术 ● 计算机技术如何影响我们的? ● 是否应该要求小学阶段的学生上打字课? ● 技术对于社会会有什么帮助与危害?	**年刊/报纸** ● 我们应该如何保留我们的记忆吗? ● 什么是年刊/报纸中有价值的文章? ● 技术对年刊/报纸有什么影响?	**领导力** ● 领导力由什么定义? ● 领导力是如何影响领导力? ● 金钱如何影响领导力? ● 在领导力中,社会地位重要吗?

特定主题的关键问题

船舶营运 • 贸易的成本与收益是什么？ • 技术是如何影响生产的？	**动物权益** • 为什么动物有权益？ • 为什么有些动物比其他动物拥有更多的权益？
股票市场 • 股票市场为什么会存在？ • 什么使公司的股票具有吸引力？	**空间探索** • 我们为什么要进行空间研究？ • 技术是如何影响空间探索的？
好莱坞 • 怎样定义一部好电影？ • 技术是如何影响好莱坞的？	**英雄** • 什么是英雄？ • 英雄应该受到嘉奖吗？
水 • 为什么有些地方要节约用水？ • 是谁控制水权？	**职业** • 拥有一份职业的成本和收益是什么？ • 人们如何为职业生涯做好准备？
汽车 • 什么使汽车具有吸引力？ • 人们应该买新车吗？	**健康** • 什么使人健康？ • 与不合理的饮食相比，遗传因素如何更多地影响人们的健康？
房屋购买 • 购买房屋的成本与收益是什么？ • 人们是如何为购买房屋做准备的？	**宗教** • 人们为什么要信奉宗教？ • 什么是信仰？

全球变暖 • 如何定义全球变暖？ • 社会各界都应该应对气候变化吗？	
欺凌 • 是什么导致一个人成为欺凌者？ • 欺凌行为是否构成犯罪？	
战争 • 我们应当如何为战争辩护？ • 什么是取得战争胜利的原因？	
时尚 • 什么使人时髦？ • 是谁决定了时尚潮流？	
无家可归 • 一个人是如何变得无家可归的？ • 社会是否应该结束无家可归的现象？	
保险 • 为什么人们要有保险？ • 购买保险和不购买保险的成本与收益是什么？	

现在，读者可以认识到关键问题的目的和特点以及关键问题与大概念和普适性概念之间的关系。表2.11说明了三者之间的相关性。理想情况下，读者想要计划单元模板时，需要有清晰的关联性，这样有助于学生加深对学习主题的概念性理解。

表2.11 "+1"教学法单元模板的关键问题

大概念	普适性概念	关键问题
运输、**船舶营运**、**货物**（进出口）、**系统**、**集装箱港口**、**技术**、**贸易**、**规则**、**安全**、**合同**、**供求关系**、**劳工/工会**。	**系统**的各部分是互相依赖的。 **技术**提高了生产力。	**贸易**的成本和收益是多少？ 如果没有**技术**，**系统**能提升吗？

练习与实践

从表2.10中选出一个或两个与你的学习主题相关的关键问题。如果你的主题或学科在表2.10中没有体现，可以选择创建自己的关键问题。记住，在这个过程中请使用"+1"教学法准则，它可以给你提供指导与帮助。为了突出相互间的关系，可以把关键问题中的大概念用画圆圈、下划线或粗体的形式表示出来，这些方法都很有用。请在下面写出你的关键问题：

"+1"教学法学习主题：＿＿＿＿＿＿＿＿＿＿＿＿＿＿＿＿＿＿＿＿

关键问题
1.
2.

祝贺你！既然已经亲自实践并写出了关键问题，那么可以准备好继续前进了。在进入下一部分——管理——之前，让我们来花点时间反思一下到目前为止的进程。

思考　提问　转化应用

思考你在引用或讲解普适性概念和关键问题时所使用的方法。书中所提供的模板将如何帮助或影响你的教学计划？如何把关于普适性概念和关键问题的知识转化应用到你所在的地区、学校或课堂？

小结

本章由标准、大概念、普适性概念和关键问题四个重要的部分组成。对于精准教学、培养批判性思维和理解概念间关系，这四个重要部分是必需的。另外，学生的兴趣和学习动力也是同样必要的。作为教育工作者，我们的责任是营造良好的学习环境以提高学生的学习成绩，促进学生的认知，激发学生的学习动力。"+1"教学法体系巩固了这些学习原则。本章所提供的用户友好模板和实践策略旨在围绕标准、大概念、普适性概念和关键问题，来完善教学计划和提升教学实效。

最重要的是，本章扩展了关于精准教学及其学习目的的论述。如果学生没有认知需求，那么教师就不能提高学生的学习成绩。"+1"教学法建立在包括精准教学理念在内的思维习惯的基础之上，该思维习惯通过21世纪技能提升学生认知，提高学生成绩，并为学生在全球经济中竞争做好准备。如果学生能接触到可以促进他们成长和发展的学习机会，他们就可以把握机会实现这些目标。"+1"教学法正是促进这些目标实现的途径。

在"+1"教学法教学计划中,教师的技能得到了扩展,这将支持他们探索另外四个要点。这些要点通过项目目标、针对性探究、学习活动和调查(研究)来探讨项目管理。

本章关键词

- "+1"教学法的七个要点
- "+1"教学法的规划准则
- 标准
  - 语言文学与数学教育标准
  - 科学与工程学教育标准
  - 历史与社会科学教育标准
  - 体育教育标准
  - 视觉和表演艺术标准
- 主题选择
  - 学生兴趣
  - 学习动力
- 大概念
- 普适性概念
- 关键问题

INTERSECTION 2

第二部分

管理

管理有三个秘诀。第一个秘诀是耐心。第二个秘诀是耐心。第三个、也是最重要的秘诀还是耐心。

——查克·坦纳

"+1"教学法路线图

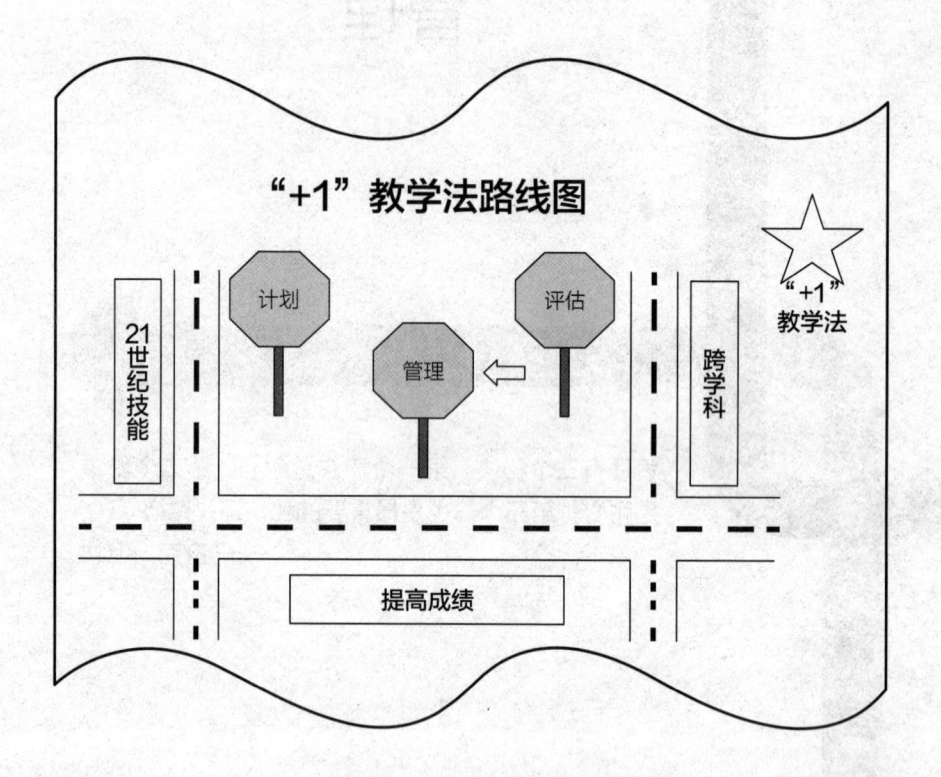

- 计划
- 评估
- 管理
- 21世纪技能
- 跨学科
- "+1"教学法
- 提高成绩

Route to Project Management

第三章
通过"+1"教学法管理项目式学习

广义上说,项目管理(POEM)是对项目进行规划(planning)、组织(organizing)、实施(executing)和监控(monitoring),从而达到预期目标的行为。每个"+1"教学法项目都需要这些步骤才能成功地进行管理并施行。在整个过程中,POEM策略指导学生运用以上这四个步骤。表3.1更详细地定义了POEM的各个特征。

首先,当学生对自己的学习进行管理时,他们需要具备POEM各个层面上的技能和专业知识。其次,教师是学生学习的促进者,而不是主导者。换句话说,教师需要通过建模、搭建"脚手架"指导学生学会运用POEM策略,并在学生需要的时候协助他们——之后,我们就需要放手。如果教师为学生提供更多的机会,让他们能够主动思考并解决问题,那么学生将可以更好地为他们未来的升学、就业和生活做准备。这些都是"+1"教学法体系支持的关键原则。最后,以上种种的实现都需要耐心和毅力。有些事情可能并不会按计划进行,从而出现一些意想不到的挑战。尽管如此,学生和教师都应该保持乐观和耐心,这非常重要。教育工作者需要欣然接受对原来计划进行的改进、调整和修改。这就是说,本章将认真探讨要

表3.1 项目管理POEM指南

规划 （P）	学生理解规划是项目管理必不可少的环节： • 思考项目的目标和预期目标/成果。 • 制定一项行动计划，其中包括实现目标的活动。 • 列出行动计划的具体步骤。
组织 （O）	学生理解组织是项目管理必不可少的环节： • 收集与项目相关的资源并进行研究。 • 优化时间安排，设置日历的日期，了解并清楚项目的截止日期。 • 编写一份责任清单。
实施 （E）	学生理解实施是项目管理必不可少的环节： • 将计划付诸实施。 • 遵守项目的截止日期。 • 将开始的工作完成。
监控 （M）	学生理解监控是项目管理必不可少的环节： • 专注于预期的目标/结果。 • 将得出的结果与你预期的目标/结果进行匹配，查看项目进展。 • 根据需要进行调整和修订。

点4（项目目标制定）和要点5（针对性探究、学习活动、调查/研究），并提供加强教学计划和项目管理的策略和模板。

要点4：项目目标制定

教学实践是由目标支撑的。目标明确了学生应该了解、实践并产出的内容。目标定义了给定任务、工作或项目的总目的。如果没有目标，教师和学生可能会忽视某项任务的预期结果。因此，项目目标是成功实施"+1"教学法的必备法宝。教师需要借助目标来引导整个教学过程，并时刻提醒自己和学生所要实现的预期和达到的结果。所有"+1"教学法的项目都需要设定一个目标。教师可以使用"+1"教学法目标组织模型来提高目标的深度和复杂性。这一模型包含四个大类，分别是思考类（think）、理解类（know）、来源类（source）和行动类（do）。思考类与思维技巧相关，理解类与知识内容相关，来源类与研究论据相关，而行动类与产出结果相关。每一类包含一系列与应用相关的特征。"+1"教学法目标组织模型是一个促进学生认知发展和参与的综合模型。我强烈建议教师使用此模型来制定目标。

表3.2 "+1"教学法目标组织模型

思考	理解	来源	行动
识别并描述（识别并解释）	技术进步（发展与进展）	互联网（网站、博客、播客、网络研讨会等）	写作（短文、手册、简讯、故事等）
比较（把一件事与另一件事联系起来）	理论（科学、数学和教育等）	定性数据（采访和观察）	流程图或概念图（示意图流程/步骤或关系示意图）
对比（把一件事与另一件事区分开来）	因果（根源与影响）	定量数据（调查和统计数据）	制作模型（积木、纸、黏土、冰棍棒、吸管、箔纸、金属、塑料、木头等）
分析（研究并调查）	发展趋势（模式和日期）	实地考察（博物馆、科学中心、大学、商业、自然、剧院、音乐会、主题公园、图书馆、海滨/港口等）	数字工程（网站、平面艺术、电影、应用程序、游戏、图书馆等）
论证证明（测试和确定）	目的和功能（是什么、为什么、怎么样）	可视文本（视频、图片、线状图、柱状图、表格等）	插图或演出（拼贴画、图画、图片、图表、图像、海报、故事板等，或舞蹈、戏剧、小品、音乐会、辩论等）
评价（检查并评判）	法律（规则、法令、原则、立法、神圣法律等）	信息文本（杂志、电子杂志、报纸、电子报纸、书、电子书、文章、期刊、电子期刊等）	数字展示（PPT幻灯片、Prezi演示文稿软件、视频、音乐、谷歌演示文稿等）

当编写项目目标时，涵盖以上全部四类的语言很重要，这能确保学生为他们的项目努力思考、充分理解、获取信息来源，并采取行动。学习主题也应包含于项目目标中。再说一遍，这些建议可以指导你进行教学计划。为了编写船舶营运的单元目标，我运用了"+1"教学法目标组织模型。

表3.3突出了学生对船舶营运项目的期望要点。粗体字显示了如何展示"+1"教学法目标组织模型的具体特征。当然，学生也可以展示知识、技能和产品，而不是项目目标中所述的那些内容。项目目标旨在为项目的成果提供一个概要说明，而不是广泛地列出学生在整个项目中将要做的全部内容。项目目标应该只是简明扼要、抓住重点的几句话。在开展项目的任何时候，学生们都可以参考项目目标，以确保他们可以专注于正确的方向。建议教师和学生将项目目标放在醒目的地方（例如教室墙壁、学生活页夹、教师网站、白板等），以便时刻提醒大家项目的预期和成果。

表3.3 "+1"教学法单元模板的项目目标

项目目标
学生将**识别并描述**船舶营运的**目的和功能**，他们将从**互联网**、**观察**（**到港口进行实地考察**）和**视频**中收集信息。学生将向他们的同学**演示**他们的研究发现，撰写一篇关于学习主题的**小论文**，并对这一过程进行反思。

练习与实践

使用表3.2中的语言，为项目目标确定思考、理解、来源以及行动的内容。在制定项目目标时，可以从表3.3中借用准确的语言。为了保持前后一致，不妨把四类的相关特征圈出、加下划线或者加粗，也许这会有所帮助。如果没有使用"+1"教学法目标组织模型（但是强烈建议试一试！），还可以选择创建一个项目目标。记住，请在这个过程中使用"+1"教学法准则作为帮助和指导。请把你的项目目标写在下面的模板中：

"+1"教学法学习主题：＿＿＿＿＿＿＿＿＿＿＿＿＿＿＿＿＿＿＿＿＿＿＿

项目目标

现在，你应该更加清楚项目目标的目的和理由了。既然你已经练习写出了自己的目标，那么现在就可以开始要点5的学习了。当探讨针对性探究、学习活动和调查（研究）时，请准备好运用关于大概念、普适性概念、关键问题和项目目标的知识。

思考一下，为了制定某个单元、课程或项目的目标，你使用过什么策略？目标的目的是什么，包括思考、理解、来源和行动吗？你如何把关于"+1"教学法目标组织模型的知识转化应用到你所在的地区、学校或课堂？

要点5：针对性探究、学习活动和调查（研究）

简言之，探究式学习是把探究作为学生学习的中心。探究式学习是一种以学生为中心的学习方式，允许学生通过探索、发现、反思和批判性思维来构建知识和理解。探究式学习的这些基本概念对于"+1"教学法的成功实施是必不可少的。就探究和调查而言，两者是互相依存的。换句话说，探究与调查是相辅相成的。探究激发了学生在调查前、调查中、调查后的兴趣和好奇心。斯莱文认为，探究式学习会激发学生的好奇心，促进学生不断寻找、探究,直到他们找到答案为止。乐于探究的学生通常会更有驱动力和学习动力去寻找与学习主题相关的答案。他们探究的本性会自然地促进他们独立思考和自主学习。作为教育者,培养这种学习的激情和渴望很重要,而"+1"教学法是支持这样做的。

针对性探究

针对性探究是学生的主题关联体验,学生通过针对性探究,调查与学习主题相关的一系列问题。"专注"于面前的问题和任务是学生作为研究者需要发展的一种技能。进行研究就如同去一个新地方旅行,尽管知道要去的地方,但是到达那里可能会遇到问题和挑战。但就研究而言,如果有一套需要针对性探究的问题,就会减少研究困惑并指导研究过程。针对性探究源于与项目相关的大概念。教师运用"+1"教学法提问技巧,围绕大概念进行针对性探究,该技巧包括一系列与大概念相关的问题(教师和学生决定要调查哪些大概念)。通常有四类问题——一般问题、具体问题、拓展问题和来源问题——它们相互依存,且每一类问题由具体的特征所定义。

成功实施"+1"教学法需要有效的提问,通过对各种类型的问题进行排序,学生建立了一个事实信息库,可以运用真实信息来回答更深更复杂的问题。随着学生通过"+1"教学法提问技巧中的一系列问题取得进步,学生的认知需求的水平也在不断地提高。教师可以使用这种模式积累提问的经验,从而帮助学生获得关于主题的基础性和概念性的知识。由于事实性问题会引出关于大概念和视角观点更为复杂的疑问,学生的学习力便会得到提升。因此,针对性探究是"+1"教学法示意图必不可少的组成部分。"针对性"一词放在"探究"之前是别有深意的,因为探究不是一个杂乱无序的过程。学生越专注于探究,他们就越容易围绕一个学习主题展开调查。

如表3.4所示,"+1"教学法提问技巧是循序渐进地提问,这样对任何的项目都将有效。这一策略可促进学生思考回答一系列需要低层次和高层次认知的问题。提问技巧的主要目的是给学生提供机会,把他们对大概念的事实性知识扩展到大概念的概念性知识。因为学生回答了一系列与大概念相关的问题,他们的理解力和建立联系的能力都得到了提升。当然,教师也可以在每一类选择两个以上的问题。表3.4可以帮助你围绕"+1"教学法的针对性探究组成部分,进行教学计划。在为船舶营运单元和附录

表3.4 "+1"教学法提问技巧

一般问题	具体问题	拓展问题	来源问题
定义:来自大概念的问题,其范围广泛,并与学习主题相关	**定义:**来自大概念的问题,与学习主题具体相关	**定义:**来自大概念的问题,能详细说明与学习主题相关的具体问题	**定义:**能确定与学习主题相关的所有问题的信息来源(根据)的问题
目的:形成知识储备并提供关于学习主题的总体信息。	**目的:**突出显示与学习主题相关的一个或多个大概念的详细信息。	**目的:**扩展具体问题的复杂性,这些具体问题能够突出大概念(即,为什么/如何/如果)。	**目的:**确定信息来源的途径、信息来源的类型,以及信息来源的可信度。
示例**主题:**动物权益**大概念:**动物、濒危物种、法律、动物庇护所、毛皮、皮肤、狩猎**一般问题:**什么是动物权益?什么是濒危物种?	**示例****主题:**动物权益**大概念:**动物、濒危物种、法律、动物庇护所、毛皮、皮肤、狩猎**具体问题:**哪类动物有权益?具体什么动物是濒危物种?	**示例****主题:**动物权益**大概念:**动物、濒危物种、法律、动物庇护所、毛皮、皮肤、狩猎**拓展问题:**为什么动物有权益?如果一些动物不是濒危物种,会发生什么?	**示例****主题:**动物权益**大概念:**动物、濒危物种、法律、动物庇护所、毛皮、皮肤、狩猎**来源问题:**你将如何获得信息?你会使用什么信息来源?怎样确保你的信息来源可靠?

中的单元模板准备问题时，我使用了相同的模板。这一技巧有助于围绕与船舶营运相关的大概念"专注于我的探究"。

教师也可以使用"+1"教学法提问技巧与学生进行"提问风暴"。在这一活动中，教师要让学生把他们的学习主题写在一张空白纸上（学生也可以在电脑上操作）。学生有三分钟的时间来写下关于他们学习主题尽可能多的问题。三分钟后，学生可以把这些问题分为四类（一般问题、具体问题、拓展问题和来源问题）。这有助于教师和学生评估哪类问题比其他问题多，这样学生就可以给需要添加更多问题的类别增加问题。提问风暴的目的就是帮助学生平衡每类问题的数量。

注意，如表3.5所示，"+1"教学法提问技巧的四类问题中有三类的大

表3.5 "+1"教学法单元样本的针对性探究

大概念	针对性探究
运输、**船舶营运**、**货物**（进出口）、**系统**、**集装箱港口**、**技术**、**贸易**、规则、安全、合同、**供求关系**、劳工/工会	一般问题： 什么类型的**交通工具**用于运输货物？哪些城市有大型的**港口**（美国的境内和境外）？什么是**系统**？ 具体问题： **船舶**：船舶的具体类型是什么？ **技术**：港口船舶上应用了什么类型的技术？ **货物**：货物的具体种类是什么？美国进出口的货物类型是什么？ **贸易**：什么是贸易？ 拓展问题： **船舶**：船舶营运服务有什么目的和功能？ **技术**：技术是如何影响船舶营运的？ **货物**：国家为什么进出口货物？ **贸易**：**供求关系**是如何影响贸易的？ 来源问题： 你将如何获得信息？ 你会使用什么信息来源？ 怎样确保你的消息来源可靠？

概念是用粗体表示的。没有大概念就没有针对性探究，加粗的大概念代表值得进一步探索和研究的学术术语，还显示了其与学习主题的相关性，这对于研究的一致性和连贯性非常重要。针对性探究与关键问题是不同的，这一点请牢记于心。还有请记住，关键问题是构成整个项目框架的首要问题，但那不是针对性探究的目的，因此才有"针对性"这个词。这些针对性探究的问题题旨在为项目的探究和调查周期给予指导。学生可以利用针对性探究展开他们的研究，提升与学习主题相关的大概念方面的概念性认知。

练习与实践

从单元模板中选择至少两个（或更多）大概念，然后，使用"+1"教学法提问技巧，为每个大概念创建问题。在下面的练习模板中，添加学习主题和大概念。在这一过程中，请记住使用"+1"教学法准则来帮助你，并且在每个问题中都用画圆圈、下划线或粗体的形式标记大概念。

请在下面所提供的模板中写下你的问题：

一般问题	具体问题	拓展问题	来源问题
定义： 来自大概念的问题，其范围广泛，并与学习主题相关 **目的：** 形成知识储备并提供关于学习主题的总体信息。	**定义：** 来自大概念的问题，与学习主题具体相关 **目的：** 突出显示与学习主题相关的一个或多个大概念的详细信息。	**定义：** 来自大概念的问题，能详细说明与学习主题相关的具体问题 **目的：** 扩展具体问题的复杂性，这些具体问题能够突出大概念（即，为什么/如何/如果）。	**定义：** 能确定与学习主题相关的所有问题的来源（根据）的问题 **目的：** 确定信息来源的途径、信息来源的类型，以及信息来源的可信度。
你的例子 主题：	你的例子 主题：	你的例子 主题：	你的例子 主题：

[续表]

一般问题	具体问题	拓展问题	来源问题
大概念：	大概念：	大概念：	大概念：
一般问题：	具体问题：	拓展问题：	来源问题：

强烈建议学生使用"+1"教学法提问技巧提出问题。毕竟，探究式学习需要学习者的参与。学生需要多种机会积极参与提问，提问的问题可涵盖各个层面。就像我们成年人一样，学生也只有多练习才能更好地提出问题。学生既可以分组进行提问，也可以把问题单独地写下来。他们还可以使用提问技巧向老师或其他同学提问。这一技巧还适用于"+1"教学法以外的单元或课程，关键是让学生独立地提出一系列与学习主题相关的问题。

到现在为止，读者应该觉得自己可以熟练使用"+1"教学法提问技巧来进行问题的编写，而且也应该更加清楚探究式学习的目的和好处。本章的下一节将讨论学习活动。

学习活动

学习活动包括认知过程，认知也称为思维能力。当学生参与跨学科任务时，他们便运用一系列的认知过程。布卢姆创建了一个框架，按照知识和技能把教育目标进行分类。这个框架被称为布卢姆认知领域教育目标分类法，适用于分层次提出问题和各种学习活动。布卢姆教育目标

表3.6 "+1"教学法提问技巧的学生模板

一般问题	具体问题	拓展问题	来源问题
教师示例	教师示例	教师示例	教师示例
主题：	主题：	主题：	主题：
大概念：	大概念：	大概念：	大概念：
一般问题：	具体问题：	拓展问题：	来源问题：
学生示例	学生示例	学生示例	学生示例
"+1"教学法主题：	"+1"教学法主题：	"+1"教学法主题：	"+1"教学法主题：
大概念：	大概念：	大概念：	大概念：
一般问题：	具体问题：	拓展问题：	来源问题：

分类法包含六个层次：1）知道，2）理解，3）应用，4）分析，5）综合，6）评价。第一层次——知道——强调对事实的基本回忆，而其余五个层次强调概念性理解和转化应用。概念性理解是学生将知识转化应用到新情况的必要条件。如果学生可以转化并应用知识，那么就表明他们理解、记住和熟练掌握了知识。如果学生不理解教师所教授的内容/材料，那么他们就不太可能转化应用和记住知识。"+1"教学法的首要目标就是提升学生对主题概念性知识的理解和提高学生将这些知识运用到其他情况的能力。

世界各地的教育工作者运用布卢姆教育目标分类法的原因各不相同。学校运用它的一个主要目的是确保学习活动和评估可以涵盖一系列不同级别。布卢姆教育目标分类法为计划任务提供了一个有用的框架,可以吸引不同水平的学生。安德森和克拉斯沃进一步修订了布卢姆教育目标分类法,该框架被称为认知过程维度。除了重新命名一些布卢姆教育目标分类法中列出的认知技能,他们还用动作(动词)分类代替了技能(名词)分类。表3.7展现了这些不同。

表3.7　布卢姆教育目标分类法与修订的分类法

布卢姆教育目标分类法 (名词)	修订的分类法 (动词)
知道(Knowledge)	记忆(Remember)
理解(Comprehension)	理解(Understand)
应用(Application)	应用(Apply)
分析(Analysis)	分析(Analyze)
综合(Synthesis)	评价(Evaluate)
评价(Evaluation)	创造(Create)

　　安德森和克拉斯沃认为,如果教育工作者希望扩展和探讨意义学习的培养和评估方法,那么他们需要探讨的过程不仅仅是记忆。聚焦意义学习与建构主义的学习方法是一致的。学生通过探索和积极的学习获得知识。

学生在建构知识的同时，也在建构意义，它超越了事实性知识和简单的回忆。"+1"教学法以学习经历为基础，而学习经历会产生意义学习，其关键要素是旨在帮助学生理解他们的学习经历。安德森和克拉斯沃认为，意义学习为学生提供了知识和认知过程（思维能力），而这些都是知识成功转化应用所需要的。教师在为学生计划学习活动时，可以参考表3.7。每种认知过程如下，括号里是每种认知过程的替代说法。

1. **记忆**：识别（确认）和回忆（提取）
2. **理解**：解释（澄清、释义、表征、转换），举例（例证、例示），分类（归类、包摄），总结（抽象、概括），推断（断定、外推、添加、预测），比较（对照、映射、匹配），说明（建构模型）
3. **应用**：执行（完成）和实施（使用）
4. **分析**：区分（辨别、区别、聚焦、选择），组织（寻求一致、整合内容、明确要义、语义分析、形成结构）和归属（解构）
5. **评价**：核查（协调、查明、监控、检验）和评判（判断）
6. **创造**：生成（提出假设）、计划（设计）和贯彻（构建）

认知过程体现了所有学科不断增长的认知复杂性。因为思维能力都或多或少地需要一定的认知需求，所以在计划学习活动时需要一系列认知过程的参与，这是至关重要的。而且请记住，过多的认知需求可能会导致压力和焦虑，而太少的认知需求又会妨碍学生，使他们无法充分发挥他们的潜能。因此，最好是平衡好学习活动所需的思维能力。需要注意的重要一点是复杂性和难度的区别。索萨指出，复杂性是指大脑破译信息的思维过程，而难度是指学习者完成一项活动/任务所付出的努力。例如，船舶营运单元的难度是让学生命名并描述各类海上船舶的用途，属于记忆类的活动。尽管后一种活动是相关和必要的，但是"它"需要的是更多的努力，而不是更复杂的思维过程。为了让学生参与更多的认知过程，老师可以让学生比较和分析三到四种不同用途的船舶，这是一种属于理解类、应用类和分析类的活动。该活动要求更高的认知需求水平，它比给船舶命名和描述船舶更加复杂。然而，它们都是关于船舶营运的情境化学习的基础，而且在该单元的学习中都可以讲授。最后，要注意：其中许多类别和认知过程在"+1"教学法目标组织模型的"思考"一栏中（详见表3.2）进行了论述。把目标组织模型中的概念和认知过程结合起来，其目的是提升连贯性、一致性和知识的转化应用。此外，知识的转化应用表明学生对于概念有了一定的理解和掌握。

我认为，不同的认知过程将决定船舶营运单元的不同学习活动。而这些信息有助于确保我把学习活动和一系列的认知需求结合起来。如果没有更高层次的认知需求和全面而有针对性的教学，教师是无法提高学生成绩的。如果学生希望参与全球性竞争，他们就必须参与到全面而有针对性的学习活动和学习经历中。如果没有一定程度的学习挑战和复杂性，那么平庸就会成为一种常态。因此，为了提高学生成绩，最好的做法就是，提高标准而不是降低标准。为了方便教师更好地回顾，我们提供了一份关于船舶营运单元的学习活动清单。

表3.8是一份学习活动的详尽列表，这些学习活动可能有结果，也可能没有结果。过度计划总好过计划不足。请注意，表3.8中的学习活动包括认知过程的范围，有些认知过程比其他过程需要更高层次的认知需求。一系列多种多样的学习活动会帮助教师满足学生的认知需求。

练习与实践

制作包含五到十个可运用到教学中的学习活动列表。参照上述的认知过程和表3.8建立一个包含一系列认知过程的学习活动模型。

在这一过程中，请发挥创造力，并记住使用"+1"教学法准则助你

表3.8 "+1"教学法单元模板的学习活动

学习活动
1. 对话和讨论
2. 日志/日记/记录［纸质或电子］
3. 创建时间表
4. 实地考察
5. 在线协作［云盘、电子邮件、在线协作工具、博客、聊天软件和网络电话］
6. 创建博客
7. 访谈或调查
8. 建模
9. 展板
10. 辩论
11. 苏格拉底式问题研讨法
12. 小测验［纸质或电子］
13. 教学游戏
14. 选词填空
15. 文氏图
16. 拼贴画

一臂之力。在下面所提供的模板中写出你的学习活动：

"+1"教学法学习主题：_____

学习活动	
1.	6.
2.	7.
3.	8.
4.	9.
5.	10.

项目管理

一旦定下了学习活动，教师就需要确定学生将如何理解并"拥有"知识。换句话说，教师需要思考学生将如何处理知识。那么学生应如何处知识呢？一个方法就是通过学生团队。学生可以组队开展项目或是自己独立地工作。但是我强烈建议教师组织学生进行团队协作，培养他们在合作、沟通和与其他同学合作时的技巧。"+1"教学法设计的整个教学过程参与性高，要求也高。学生更容易跳出其他同学的思维想法，并且更方便分享资料资源，而如果学生是独自完成该过程的，那么就正好相反。相互依存是学生需要发展的一种技能，该技能会为学生的升学、就业和生活做好准备。学生进行团队划分的各种可能性如下，但不限于此：

- **整个团队**（全体学生）
- 不同级别的**整个团队**（全体学生）
  - 交换老师或学生
- **小型团队**——能力相同（3-5名学生）
- **小型团队**——能力不同（3-5名学生）
- **两人小型团队**——能力相同（2名学生）
- **两人小型团队**——能力不同（2名学生）
- **三人小型团队**——能力相同（3名学生）
- **三人小型团队**——能力不同（3名学生）
- **需干预小型团队**（2-5名学生）
  - 出于各种原因，学生可能需要额外的支持
- **兴趣小型团队**（3-5名学生）
  - 学生对于学习主题有相同的学习兴趣

为了清楚起见，"能力相同"是指学生展示出相似的学习技能和能力，而"能力不同"是指学生具有各种不同水平的学习技能和能力。由于学生可以通过多种方式组成团队，因此给学生划分团队的方法没有绝对的对与错。但是，教师必须明确何种分组方式对于他们的学生来说是最好的。本

书出于此目的，船舶营运的单元模板是为小型团队设计的。在这里，我更倾向于使用"团队"（team）一词而不是"小组"（group），因为如果我们希望学生主导项目，他们就需要感觉自己就是团队的一部分。老师一旦确定了学生将要参与的团队类型，学生就需要知道他们的角色和责任。团队中，不同的角色包括项目经理、助理经理、资源经理、记录管理经理、时间管理经理。教师将决定角色是否可以互换。请注意，四个学生的团队没有助理经理。

一旦确定了学生的角色和责任，我们强烈建议学生签署《"+1"教学法团队协议》。该协议，也称为合同，有两个目的：1）确保所有团队成员同意协作、沟通、合作并完成项目；2）明确每个团队成员的角色和职责。表3.10提供了协议示例，虽然强烈建议在应用"+1"教学法的情况下使用此协议，但是教师也可选择起草自己的协议。

随着团队角色的改变，必须签署一项新的协议。"协议"（agreement）一词比"合同"（contract）更能激发合作精神（we-ness）和主人翁意识（ownership）。"合同"一词有时会显得严厉无情、不讲情面。为了回避该词的否定含义和抵触情绪，使用"协议"一词更为令人舒服愉悦。你可能会注意到在协议内所述的合作七项准则。加姆斯顿与韦尔曼把该准则定义为高效能团队的基本能力和技能。准则的目的就是帮助团队提升共享意义和协作决策能力。而这些能力对于建立成员相处融洽的高效能团队以及培养项目管理的技能都至关重要。如需获取更多关于该准则的信息，可以登录以下网址：http://www.thinkingcollaborative.com/norms-collaboration-toolkit/。

当定义好团队的角色和职责并签署了团队协议之后，学生们就可以开始进行项目管理了。首先，学生需要了解所有的学习活动及其截止日期。如果不知道这些，学生就有可能在这个过程中迷失方向。而了解学习活动

表3.9 "+1"教学法团队中的角色和职责

团队成员、角色和职责		
团队成员姓名	角色	职责
1.	项目经理	团队领导,指导、支持和协助团队,使团队保持专注,团队的发言人,分配团队任务,每天与老师交流,激励团队
2.	助理经理	承担和项目经理同样的责任,填补缺席的团队成员的角色,减轻项目经理的工作量
3.	资源经理	为团队收集资源,委派团队成员负责某一具体资源,记录并跟踪项目资源
4.	记录管理经理	记录(书面或数字)数据、信息和项目相关的注解与问题,发送和接收信息,与团队分享最新消息
5.	时间管理经理	通知团队的截止日期和时间期限,为特定活动设置计时器,当时间快到时警告/提示团队,确保团队按时完成任务

注:如果团队有五名成员,但是其中有一名成员缺席,项目经理则为该成员填写。

表3.10 "+1"教学法团队协议示例

"+1"教学法团队协议
学校:_____ 教师/学期:_____ 日期:_____
项目主题:
大概念:
普适性概念:

[续表]

关键问题：
_____
_____

项目目标：
_____
_____

协议条款： 我们同意作为一个团队进行协作、沟通、合作并完成"+1"教学法项目。我们同意保持指派给我们的（或者我们所选择的）角色和责任。作为一个团队，我们同意始终遵循合作的**七项准则**：1）暂停，2）释义，3）提出问题，4）坦诚交流，5）提供数据，6）关注自我与他人，7）保持积极心态。

团队成员、角色和职责		
团队成员姓名和签名	角色	职责
1.	项目经理	团队领导，指导、支持和协助团队，使团队保持专注，团队的发言人，分配团队任务，每天与老师交流，激励团队
2.	助理经理	承担和项目经理同样的责任，填补缺席的团队成员的角色，减轻项目经理的工作量
3.	资源经理	为团队收集资源，委派团队成员负责某一具体资源，记录并跟踪项目资源
4.	记录管理经理	记录（书面或数字）数据、信息和项目相关的注解与问题，发送和接收信息，与团队分享最新消息
5.	时间管理经理	通知团队的截止日期和时间期限，为特定活动设置计时器，当时间快到时警告/提示团队，确保团队按时完成任务

*如果不遵守本协议的条款，可能会被移出团队。

及其截止日期有助于学生集中注意力并按计划行动。给学生提供一份课堂讲义，帮助学生保持他们的任务和进度。

为了给项目管理提供额外的指导，教师也可以让学生参考POEM策略（见表3.1）。一旦项目得到良好管理，学生们就可以准备开始他们的调查研究了。此时，学生针对项目管理有一些具体的策略，他们知道自己的团队角色和期待，签署了团队协议，提出了针对性探究的问题，并且每个人都有特定的学习活动——他们唯一需要的就是准许他们开始进行研究的指令。

表3.11　学习活动模板

学习活动	截止日期	是否已完成 （写"是"、"不是"，或"正在进行中"）

注意：学生应在他们的"+1"教学法项目期间将学习活动填写到他们的学习活动列表中。

调查（研究）

调查研究是积极地寻找新信息和新发现。调查研究的目的是促进某一主题、科目或学科的储备知识或现有知识的发展。就知识储备而言，千万不要认为学生来学校时是"空空的容器"；而要认为学生们的"容器"时不时地需要更多的"水"。无论学生的脑子中（还有教师！）储存了多少知识，总有空间来存储更多的知识。虽然我们永远都不可能知道全部的知识，但是研究会让我们随时了解和及时掌握最新消息。同时，调查研究还可以围绕一个学习主题进行情境化教学与学习。

学习主题的情境化学习的一种具体方法是文本学习。随着共同核心州立标准的出现，"文本"一词已被重新定义，它超越了传统意义上的印刷文本。卡皮耶洛和道斯认为，文本包括文学（小说和非小说）、期刊（报纸和杂志）、一手资料（文档、照片和人工制品）和多模态数字文本（网络广播、播客、网站、博客、歌曲、报告和艺术）。重要的是，注意第一手资料是对事件的一手报告。例如，第一手资料应该是一封由参战士兵直接书写的信，而不是一封描写战争中士兵的信。后一封描写战争中士兵的信属于第二手资料，因为写这封信的作者并没有真正参加过战争。也就是说，文本是针对某一主题或学习主题的、提供不同视角、针对不同阅读水平、拥有不同体裁、使用不同媒介的第一手和第二手资料。在文本中，教师可以对于任何复杂事件或课题的研究表达自己的观点。文本促使教育工作者多源（使用不同刺激因素）构建背景知识，培养学生的批判性思维，以及运用更有意义的方式激发学生学习。在其他众多好处之中，文本有助于：

- 捕捉学生的兴趣并培养学生的参与感
- 激励学生提出问题
- 提供多视角的阅读机会
- 建立关于某一主题的储备知识
- 鼓励学生进行真实写作实践
- 扩大词汇量

文本是第一手和第二手资料的汇编，可以数字存储、手动存储，也可两者同时进行。文本还围绕学习主题关注资料来源。当学生参与"+1"教学法时，他们首先必须决定使用哪些印刷品和数字资源来参与学习主题的研究，随后才是围绕他们的学习主题开始研究。如果没有文本来引导调查过程，学生可能迷失在一大堆信息中。科技的进步使学生能够充分利用文本，并尽可能地发挥自己的创意。互联网的使用可以让学生在家中创建文本，教师和学生不需要等到进入调查阶段再创建文本，而是可以随时开始收集与学习主题相关的构件和资料。使用文本教学还可以激发学生的学习兴趣和动力。学生可以选择用什么资料来研究他们的学习主题，从而提高学习参与度。换句话说，当学生们对学习感兴趣并参与其中时，他们就会主动地进行学习。请参阅这些网站以创建与项目相关的文本：http://www.slideshare.net，http://watchknowlearn.org，http://readingandwritingproject.org/resources/text-sets。

通过文本，学生可以学习解释、分析和批判与其学习主题相关的资料。在"+1"教学法的成果展示阶段，学生可以重新浏览或使用收集的文本资料。文本是学生在研究过程中所收集的信息和数据的证据，所以保存收集到的信息对学生来说是至关重要的。学生还可以创建第一手和第二手资料的可视化文本。例如，学生可以手动或使用电子工具，挑选某些图像和文档插入拼贴画。当学生设计和展示他们的可视化文本时，教师要鼓励学生发挥他们的创造力。做拼贴画有两个目的：1）把学习主题情境化；2）提供一个可以用于展示的可视化文本。图3.1是船舶营运单元的可视化文本示例。

视觉化思维策略（Visual Thinking Strategies）是一种分析图片和其他可视化文本的有用技术。加州洛杉矶的当代艺术博物馆早在20世纪90年代早期就引进了该策略。视觉化思维策略可对艺术/视觉化文本进行广泛分析，从而帮助学生从他们的所见中发现意义。视觉化思维策略中的指导性问题可用于任何可视化的文本：

图3.1 "+1"教学法单元模板的可视化文本

1. 在这张照片上发生什么事情？
2. 你看到什么让你这么说？
3. 我们还能发现什么？

诸如视觉化思维策略（VTS）等的策略可以加深学生对某个课题或主题的背景知识的理解，并引起更多探究。学生受到鼓励，运用实证来证明他们自己的说法，从而对于可视化文本的理解有了进一步的加深。运用视觉化思维策略中的指导性问题可以进行一场关于图片的（如图3.1所示）、令人信服的对话。教师或学生可以运用视觉化思维策略来评估有关船舶营运的储备知识，并提出有关图片的其他问题，也可以运用"+1"教学法提问技巧来提出问题，使这些知识联系起来，从而加强与项目相关的概念的应用与转化应用。

调查研究的另一个关键方面是学生学习的自主性。"+1"教学法不建议让教师对每位学生的研究进行项目管理。学生必须发展他们自己的学习技能，积极主动地进行项目管理。随着学生团队通过调查不断推进项目，POEM策略（详见表3.1）应重启讨论。进行项目的研究和管理要求规划（planning）、组织（organizing）、实施（executing）和监控（monitoring）。如果学生有更多的自主性，那么学生参与的研究过程就会更加顺畅。德姆博和伊顿认为，学业成功的重要因素是学生为了自己的学习所承担责任的能力。如果希望学生对自己的学习成绩负责，那么就需要教导学生成为自主学习者。相应地，学生们会对自己的学习产生更高的效能感和自豪感。

自主学习者会运用元认知能力来提高他们的学习成绩。安布罗斯等人将元认知定义为反思和指导我们思维的认知过程。当学生们问"我做了什么和我是怎么做到的？"或者"我在做什么和我要怎么做？"的时候，他们便运用了元认知能力。而这些问题会激发学生的自我反思和自主学习意识。当学生反思自己的学习过程时，他们就会努力提高自己的成绩。同样地，当学生自己主导自己的学习过程时，他们就会对自己的行为负责；且当问题发生时，他们也不太可能责怪其他人。建议采用两种一般策略以促进元认知：

1. 模拟你的元认知过程——教师需要向学生展示自己是如何处理一项任务的；当描述你是如何处理一个任务时，请"大声说出来"。

2. 在培养学生的元认知过程中，给学生搭建"脚手架"——让学生解释自己的想法，鼓励学生提出如下的问题：

a."我从该项目中学到什么？"

b."我将如何完成这项任务？"

c."我怎样才能更好地帮助我的团队？"

d."下一次，我会做什么不同的事情？"

作为教师，我们希望我们的学生拥有很强的元认知能力。这需要向学生明确说明进程中的步骤并给学生做示范。即使我们在解释任务时，感觉自己是在说一些显而易见的事实，但是学生（尤其是新手学习者）仍然需要教师的元认知指导。POEM策略（详见表3.1）的使用随着自主学习者数量的增加而成指数倍增加。这些学习者不仅意识到了自己的角色和责任，而且他们也有个人责任心。"+1"教学法通过针对性探究、学习活动、项目管理以及调查研究培养学生的学习能力和元认知能力。当我们为学生提供机会来练习和完善他们的元认知能力时，我们也就为他们今后的升学、就业和生活做好了准备。

你可能还会问，"学生到底在调查和研究什么？""+1"教学法的提问技巧旨在指导学生的调查过程。这些问题是在针对性探究阶段（参见表3.4和表3.5）中提出的。教师和学生可以在任何时候调整提问的顺序，但是需要确保学生回答的是最初的问题。当学生进行研究时，我们也鼓励他们重温关键问题。关键问题构建了整个项目的框架，应该在整个"+1"教学法过程中始终得到参考。学生可以手动或使用电子工具记录问题的答案。我强烈建议学生撰写纸质或电子日志，将自己的经历记录下来。学生可以在所有的文档、信函和学习活动上面记录日期，这有助于他们组织安排工作，并记住数据是哪一天收集的。当学生进行研究时，请运用上面提到的数据收集、数据分析和数据管理的策略，以加快学习的速度。

另一个可以加深学生对课题概念性知识的理解的策略是被称为"四个维度"的策略（Look Fours）。"四个维度"是指随时间变化的趋势、多角度、技术进步和预测。随着学生更深入地学习内容性知识，L4s策略增加了研究的复杂性和精准性。如果不应用L4s策略，学生可能就不会考虑他们所学习主题的深度。例如，学生在进行研究时，可能不太会考虑技

表3.12 "四个维度"（Look Fours）策略

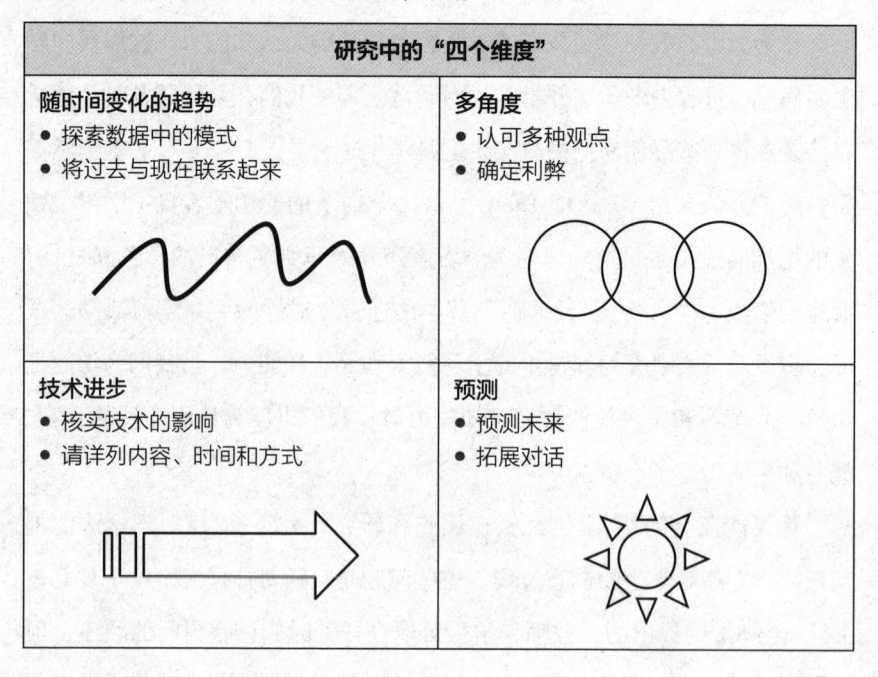

研究中的"四个维度"	
随时间变化的趋势 ● 探索数据中的模式 ● 将过去与现在联系起来	多角度 ● 认可多种观点 ● 确定利弊
技术进步 ● 核实技术的影响 ● 请详列内容、时间和方式	预测 ● 预测未来 ● 拓展对话

进步的影响，但是实际上，技术进步几乎影响了我们吃、穿、住、行等生活中的各个方面。L4s策略为调查提供了这些关键性的要素，而且L4s策略具有跨学科性，适用于任何学习主题，在应用时具有优势。

当学生在做项目研究时，他们可以把L4s的符号作为视觉辅助来加以运用。他们可以将这些符号与他们研究的某一主题相关联，或将其与他们在期刊上所引用的内容相关联。教师必须运用多种策略为调查过程提供帮助，搭建"脚手架"。符号和知识导图提供了一种更为有趣的方式，来将主题连接起来并将调查结果记录下来。

当学生进行调查研究时，有两个最后要考虑的因素——可信度和文献引用。评判资料来源可信度并指出资料来源，对于研究过程来说是至关重要的。如果学生没有使用策略来判断可信度，他们可能会把他们所读的和所发现的一切都当作是有根有据的，并全盘接受。但是并非所有的信息来源和事实都是可信的。当学生从调查中获取信息时，他们需要区分事实和观点。可信度四步法策略（Credibility 4）有助于评估信息来源的可信度，并适用于各种文章和网站。四个步骤具体如下：

1. 检查作者的可信度

a. 文章/网站的作者是该领域的专家吗？

（例如，技能证书或资格证书的证明）

b. 作者是否属于某个官方机构或出版机构？

（例如，学院/大学、州立或联邦机构、媒体组织、知名报纸或杂志——如《时代周刊》《新闻周刊》《华尔街日报》）

2. 检查内容的可信度

a. 内容的写作目的是什么（说服、告知或娱乐）？

b. 作者用什么证据支持自己的主张？

3. 检查日期的可信度

a. 文章/网站是什么时候撰写或发表的？

b. 这些信息与现在的情况有关吗？

4. 检查作者的资料来源的可信度

a. 作者是否引用了其他专家的观点？

b. 作者引用了多少位专家的观点？

诸如可信度四步法策略等的策略有助于学生验证他们的研究成果。为了避免抄袭，学生还必须通过资料来源的引用来证实他们信息的可信度。他们还需要知道引用或复制别人的文字或作品时不标注引用文献的后果。这些技能也将为学生今后上大学做好准备。

我针对船舶营运单元模板制作了一份资料来源列表，学生可用其来收集数据/信息。除了学生在教室外可访问的资源之外，该列表还包括教师使用的多个资料来源。重要的是，请注意多个资料来源可为同一个学习主题提供了多个视角。

小学教师须知

教授K-2年级的教师可能需要为他们的学生调整研究内容。建议教师为全班同学模拟研究过程。你可能需要利用更多的"脚手架"进行辅助，例如实物教具、视觉资料和知识导图。

练习与实践

请列出五到十个可用于学生研究的资料来源。你可以从船舶营运单元模板（详见表3.13）中借鉴一些想法。强烈推荐你在规划中包含"四个维度"。记住，在这个过程中请使用"+1"教学法准则来助你一臂之力。你的列表生成之后，请圈出学生可以访问的排名前三的资料来源。请把你的资料来源写在下面：

"+1"教学法学习主题：_____

调查（研究）	
1.	6.
2.	7.
3.	8.
4.	9.
5.	10.

到了这里，读者实施"+1"教学法的工具包几乎已经装满。在本章中，读者可使用大量的策略、技术和模板以启动项目管理。下一章将探讨使用

表3.13 "+1"教学法单元模板的调查/研究资料来源

调查（研究）
文本：可信的第一手和第二手的信息来源，可使学习主题情境化 可供选择的信息来源 ↓ 因特网 报纸 杂志/文章 期刊 书籍 学校或公共图书馆 视频 电视 电影 纪录片 图片 图表 统计数据/数据/调查 个人账户 访谈 观察 实地考察 博物馆 科学中心 **在研究中关注"四个维度"：** 1）随时间变化的趋势 2）多角度 3）技术进步 4）预测 **可信度四步法策略（信息来源）**

互联网来进行内容管理的不同方法。

> 思考　　提问　　转化应用
>
> 思考你已用过的可促进学生探究和调查的策略。"+1"教学法提问技巧、文本、"四个维度"或可信度四步法策略将如何帮助学生进行研究？如何把关于这些特殊策略以及本章讨论的其他策略的知识转化应用到你所在的地区、学校或课堂？

表3.14直观地提醒我们，在"+1"教学法这场"旅行"中，我们现在所处的位置。我们现在已经自豪地走了三分之二的路程，请给自己或同事一些掌声作为鼓励和表扬。

表3.14 "+1"教学法可视流程

教师姓名： "+1"教学法单元计划——船舶营运　　日期：

标准	大概念	普适性概念	关键问题
运输、船舶营运、货物（进出口）、系统、集装箱港口、技术、贸易、规则、安全、合同、供求关系、劳工/工会		系统的各部分是互相依赖的。技术提高了生产力。	贸易的成本和收益是多少？如果没有技术，系统能提升吗？

		项目目标	
	学生将识别并描述船舶营运的目的和功能，他们将从互联网、观察（到港口进行实地考察）和视频中收集信息。学生将向他们的同学演示他们的研究发现，撰写一篇关于学习主题的小论文，并对这一过程进行反思。		

标准	针对性探究	学习活动	调查（研究）	提出建议	项目展示	写作评估
升学和就业准备（AS）锚定标准7：阅读描述标准7：从视觉效果、体量和遣词造句等方面整合和评估不同媒体和略式呈现的内容。写作描述标准6：运用包括互联网在内的技术来创作和出版作品，并与他人一起进行互动式与合作。写作描述标准7：根据重点问题开展短期和长期的研究项目，理解调查对象。	一般问题：什么类型的货物？运输货物？哪些国家有集装箱港口？什么是系统？具体问题：船舶：船舶的具体类型是什么？技术：港口船舶上应用了什么类型的技术？货物：货物的具体种类是什么？美国进出口货物的类型是什么？贸易：什么是贸易？	可选择的活动：1) 对话和讨论 2) 日志/日记记录 [纸质或电子] 3) 创建时间表 4) 实地考察 5) 在线协作、电子邮件、在线协作工具、博客、聊天室和网络电话 6) 创建博客 7) 访谈或调查 8) 建模 9) 展板	文本：可信的第一手和第二手的信息来源，可使学习主题情境化。可供选择的信息来源因特网、报纸、杂志文章、期刊、书籍、学校或公共图书馆、视频、电视、电影			反思与承诺

127

[续表]

听说锚定标准4: 提供信息、调查结果，以及支持性证据，使听者可以理解推理的思路，语篇的组织和发展，并且语体风格符合任务、目标和受众的要求。	**拓展问题:** **船舶:** 船舶有什么目的和功能? **技术:** 技术是如何影响船舶运输的? **货物:** 国家为什么进出口货物? **贸易:** 供求关系是如何影响贸易的?	10) 辩论 11) 苏格拉底式问题研讨法 12) 小测验 [纸质或电子] 13) 教学游戏 14) 选词填空 15) 文氏图 16) 拼贴画
语言锚定标准1: 当写作或讲话时使用符合标准英语的语法和惯例用法。	**来源问题:** 你将如何获得信息? 你会使用什么信息来源? 怎样确保你的信息来源可靠? (即 www.aapaports.org and www.worldshipping.org)	纪录片 图片 图表 统计数据调查 个人账户 访谈 观察 实地考察 博物馆 科学中心 **在研究中的"四个维度":** 1) 随时间变化的趋势 2) 多角度 3) 技术进步 4) 预测 **可信度四步法策略** (信息来源)

小结

要点4（项目目标制定）和要点5（针对性探究、学习活动和调查/研究）是"+1"教学法项目的"GPS"。这些要点为教师提供便利，并且引导学生参与学习过程。本章强调了项目目标的重要性，抓住它就抓住了项目的本质。在该过程中，针对性探究和调查是同等重要的。如果学生不知道他们在探究什么，那么他们也会不知道应该调查什么。要点4和要点5对于精准教学、确定认知需求和项目管理至关重要——所有这些都为学生今后升学、就业和生活做好了准备。这些要点直接符合多个升学和就业准备的锚定标准。例如，写作锚定标准7"根据重点问题开展短期和长期的研究项目，理解调查对象"以及写作锚定标准8"从多种印刷品和数字资源中，收集相关信息，评估其可靠性和准确性，并把这些信息整合，同时避免抄袭"，这两个标准和其他标准在本章中都有明确说明。

要点4和要点5有助于学生提高对事实性知识、程序性知识、概念性知识和元认知知识的掌握。作为教育工作者，我们需要意识到让学生学得更容易反而使他们在全球竞争中变得更困难。因此，第三章提供了具体的策略和实例来展示项目目标、针对性探究、学习活动和调查/研究如何能够有意义地应用于课堂教学。在课堂中，认知过程（思维能力）和学习活动也是必不可少的。下一章将讨论技术的重要作用及其在"+1"教学法实施过程中的应用。

本章关键词

- 项目管理
  - POEM策略
- 项目目标

- ○ "+1"教学法目标组织
- 针对性探究
  - ○ "+1"教学法提问技巧
- 学习活动
  - ○ 布卢姆教育目标分类法
  - ○ 认知过程（思维能力）
- 项目管理
  - ○ 学生团队
  - ○ 角色和责任
  - ○ 团队协议
  - ○ 学习活动的管理
- 调查（研究）
  - ○ 文本、"四个维度"、可信度四步法策略
- 自主学习者（元认知）

第四章
对实施项目式教学有助益的技术

当科技与课堂相遇，一切皆有可能。21世纪的计算机辅助技术使得教育开始向虚拟教学的转变，这一种转变又需要在课堂上使用和应用更多的技术。学生可以运用技术获得信息，在课堂之外进行交流，并且为了真实性目的体验各种形式的数字媒体。技术，特别是计算机和互联网技术，已经成为教育政策和改革的一大焦点。各地都倡议为学校提供计算机硬件和软件，将学校和教室都连接上互联网，并且为教师提供以技术为重点的职业发展机会。尽管努力给学校安装了设备，也培训了教师，但是技术在教学中的运用却并不像人们期望的那么普及。

根据美国教育部教育统计国家中心（NCES）的数据，97%的教师报告在教室里有一台或多台工作电脑供日常使用，但是只有40%的K-12教师报告自己或学生在上课的时候会经常在教室里使用电脑。由此可见，美国大多数K-12教师在授课时没有运用计算机技术。这些统计数据并不是为了批评教师在教学期间没有充分使用计算机技术，特别是如果他们的学生不容易接触到数字化设备的话。更为重要的是，这些数据为应在教学期间加强以计算机辅助技术的运用提供了明确的数据依据，尤其是在推行"+1"教学法期间。通过运用先进技术,"+1"教学法可以培养学生在21世纪的基本技能。学生必须运用技术,才能有效地参与"+1"教学法教学过程,因此,技术是"+1"教学法不可缺少的一部分。为了帮助学生为21世纪的学习和大学生活做好准备,教师必须找到将技术融入其教学实践的方法。

衡量技术有效性的SAMR模型

利用技术进行教与学需要衡量技术有效性的标准。目前,有许多技术有效性衡量的规则和方法,其中普特杜拉提出了一个全面的、评价学生对技术不同参与水平的层次模型。SAMR模型分为四个层次:替代(Substitution)、强化(Augmentation)、修改(Modification)、重塑(Redefinition),是课堂教学中的技术使用指南。教师可以运用SAMR模型来衡量在"+1"教学法指导下技术的进步和典型应用。

SAMR的底部层次(替代和强化)显示了技术提升,同时顶部层次(修改和重塑)显示了技术变革。表4.1表明,当以计算机为辅助的技术向前发展时,把技术应用于任务/项目的水平就得到了提升。SAMR模型有助于定义课堂上的技术成果。教师和学生必须参与SAMR的各个层次,只有这样才能提高技术与教学融合的效率。为了更加自觉地使用技术,教师和学生们还必须超越"替代"水平。关于SAMR模型的更多资源,请访问:http://www.schrockguide.net/samr.html。

读者可以访问以下链接:http://www.schrockguide.net/assessment-and-rubrics.html,以获得包括其他技术衡量标准的多媒体和数字化支持。

SAMR模型的目的在于重新定义我们对技术融入课堂的观念。有很多老师让他们的学生每天都使用科技产品,但问题是学生如何与技术互动。衡量技术实操水平高低的准则或标准可以帮助教师和学生增强技术使用的

表4.1 SAMR模型的"+1"教学法示例

重塑：技术可以实现从前不可想象的新任务。 "+1"教学法示例：创建一个关于学习主题的谷歌演示文稿、PowerPoint或网站。
修改：技术可以对重大的任务进行重新设计。 "+1"教学法示例：使用互联网或软件程序进行研究，上传图片和视频，并对学习主题进行知识构建。
强化：技术可以作为工具的直接替代品，并且功能得到提升。 "+1"教学法示例：在阅读与学习主题相关的电子文档时，可以高亮标注评论。
替代：技术可以作为工具的直接替代品，功能没有发生改变。 "+1"教学法示例：使用数字设备而不是纸来记录学习主题。

意识。人们认为SAMR模型防止了技术平庸。表4.1给出了实例，清晰地说明教育工作者应如何在课堂上更好地使用计算机辅助技术。增加对技术的接触可以帮助学生为21世纪的学习做好准备，使他们能够在需要技术、技能的岗位竞争中成功得到工作机会。

思考　提问　转化应用

思考你之前如何将技术整合运用在课堂中。你将如何使用SAMR模型来增强课堂上的计算机辅助技术？如何将有关SAMR模型的知识转化应用到你所在的地区、学校或课堂？

数字化教学

数字化教学是利用电子技术提升学生的学习体验并提供覆盖广泛的在线学习机会的教学方式。为人所熟知的数字化教学包括在线学习（也称为虚拟学习和远程学习）和混合式学习体系（面对面的课堂授课方式与计算机辅助教学活动结合）。自20世纪90年代以来，人们对于在线学习的兴趣越来越浓厚，目前美国几乎所有的大专院校都提供引入了信息技术的课程。网络学校和在线教学/在线测试等"在线学习计划"也在改变传统K-12教育的观念。佛罗里达虚拟学校（Florida Virtual School）是美国最著名的国家支持的网上高中，是一所向学生提供单独一门课程或完整课程的公立高中。还有其他一些学校向学生提供完整的在线学位项目和课程，例如菲尼克斯大学和美国国立大学。这些教育机构与其他许多机构一起，为学生迎接科技时代的21世纪学习做好准备。

在线学习计划的另一个目的是帮助那些由于疾病、残疾、学习困难、地理位置偏僻或其他个人原因，不能轻松地学到他们所需要的课程的学生。对于某些成年和未成年学习者来说，面对面的课堂教学有其局限性。同时，除了丰富的学习体验之外，在线学习还对所有学生都有利、公平和方便。进行在线学习的其他常见原因还包括补修学分、额外多修学分以便提前毕业、在家中或学校以外的任何地方学习课程的便捷和减轻一定的经济负担。在大学学费方面，在线课程比在教育机构全日制教育课程便宜。所有这些都证实投资数字化教学是有充分理由的。

数字化教学还包括混合式学习，这是将传统的课堂教学方法与计算机技术相结合的一种学习方式。"混合式学习"（blended learning）、"混合学习"（hybrid learning）、"基于技术的教学"（technology-mediated instruction）、"网络增强性教学"（web-enhanced instruction）和"混合模式教学"（mixed-mode instruction）等词汇常见于当今的研究文献。然而，美国的研究者越来越倾向于使用"混合式学习"（blended learning）这个词。混合式学习是一种综合的学习方法，包括移动学习、在线学习和课堂学习。美国教育部发现，混合式学习环境比单纯的在线学习或者只有面对面教学的课堂学习更加有效。无论是否有教师的参与，混合式学习都可以运用计算机技术促进学生的学习活动。

南加州大学混合高中学校是混合式学习项目的典范。他们的课程包括学生在学校学习、进行研究以及参与社区服务项目时使用的数字化课程。学生们每天还要查看笔记本电脑，使用电脑访问数字化课件、网络内容以及完成写作和多媒体作业。支持者们认为混合式学习前所未有地为学生提供了具有吸引力、挑战性和多面性的学术资料。"+1"教学法是另一种混合式学习的教学方法，学生在教室里与老师和其他同龄人进行面对面交流，并通过计算机辅助技术进行研究协作，上传活动内容，完成学习活动，为项目展示做准备。后者代表了21世纪教与学的方法。

"+1"教学法与数字化教学

从动态意义上来讲，数字化教学法本质上是一门学科。斯托梅尔指出，如果我们致力于学习活动的研究、实践、展示、指导和讲授，而且将技术和协作嵌入到教学活动中，那么我们就会成为数字化教学方面的专家。我们在数字化教学方面的专业知识源于后工业时代的教育机构或教学实践，并在数字化时代得到升华。莱茵格尔德也有类似的观点，并进一步把数字化教学定义为一种由数字媒体和网络辅助的、鼓励参与的教学方法，其聚焦于推动、激励、培养、促进和引导学生进行学习，这无论对于21世纪的个人生活还是集体生活都是至关重要的。这种参与性的教学方法包括但又不限于博客、百科网站、标签和社交书签、音乐照片视频分享、播客、数字故事、虚拟社区、社交网络、虚拟环境和视频博客。这些明显不同的媒体拥有社交网络普遍性与相互关联性的特征，还兼具通过网络实现的连通性，所有这些都可以用来实施"+1"教学法。计算机辅助技术使学生能够运用不同的技术，对"+1"教学法的不同方面进行实践，例如学习活动、项目研究、项目展示、写作评估、讨论和文件，都可以通过技术进行管理。

21世纪的学生有机会以先进方式利用计算机技术。贝尔认为，技术的真正运用促进了学生的高度参与，因为它充分发挥了学生熟练使用电脑的优势。而且，当技术被整合到教学实践中时，学生更有可能利用技术技能中学到的知识进行学习，因为他们已有的知识成了学习过程的核心。换言之，数字化教学可以为学生赋能，因为学生在其中学会了如何管理和提升自己对技术技能的掌握。当学生为他们的项目参与在线研究时，可以更加熟练地获取其他数字媒体来源的资料（如百科、博客、视频、图像/图片和音频），与其他学生共享信息，并在必要时排除故障。在"+1"教学法的展示阶段中，学生可以使用各种形式的技术来展示他们的学习成果（在第五章中有关于此方面的更多内容）。总体而言，数字化教学为21世纪的教育创造了创新性、协作性和沟通性。学生无论是在学校内还是在学校外都有机会练习、提高自己对这些技能的掌握。

> 思考　提问　转化应用
>
> 思考你是否曾经有过通过引入技术而加强教育的体验。数字化教学如何使学生为21世纪的学习做好准备？如何将有关整合计算机辅助技术的知识转化应用到你所在的地区、学校或课堂？

云管理系统

通过计算机技术进行真实学习是支持"+1"教学法所必需的方式。收集研究资料寻找答案，在课堂内外开展合作和交流，以及对数据进行整理等互动特性在实施时都有赖于计算机辅助技术的支持。当技术符合教学实践时，教师和学生就会较少依赖活页练习题和讲课。使用较少的活页练习题将节省纸张，同时较少的讲课又可以让学生更加积极地参与到他们的学习中。教师在进行"+1"教学法时，还可以运用一种技术方法——云管理技术。网络化的项目需要存储和管理内容的地方。基于云技术的管理平台不仅可以上传和存储内容，还可以使学生与同龄人在数字平台上进行互动。

在线技术有助于教师教学实践的最大化和学生21世纪技能的培养。当学生深入研究项目时，他们有机会对互联网的资源进行批判性的思考，与同伴开展合作，适应多样化的媒体，实践自主学习，通过数字平台沟通，以及访问和分析信息。云管理系统（Cloud Management Systems，CMSs）为内容存储提供了创造性的解决方案，从而在教学过程中加大了技术的运用，并加强了正式和非正式的沟通技巧。云管理系统是从一个主控界面（如网站）对信息/内容进行组织的计算机程序。其通过内容的创建、编辑、发布和存档来实现信息管理。云管理系统可协助完成协作式内容创建、视频媒体任务和其他涉及数据收集或储存的任务。

云管理系统的核心功能有三个：1）在网站上发表信息；2）在网站上存储信息；3）为用户提供协作式工具。为了节省项目的纸张使用，强烈建议运用数字化的方式来整理和存储学生的作品。云管理系统是一种内容协作式管理的解决方案。教师可以使用云管理系统来存储和管理作业和测验的课堂数据，也可以通过线上交流培养学生进行协作和参与项目的能力。即使学生独立一人开展项目，仍然需要与老师和同龄人一起合作。如表1.2所示，"+1"教学法项目既需要技术又需要合作。培养学生的技术技能和协作能力可以为学生的升学、就业和生活做好准备。大多数的大学课程和职业工作都需要计算机辅助技术和协作能力，如果学生越早培养自己的技术和人际交往能力，他们就会发展得越好。

一些云管理系统服务是免费的，并且可以在任何移动设备上访问。而这种可访问的便利性就使教师和学生在参与"+1"教学法过程时更方便使用云管理系统。更重要的是，在教学实践过程中使用云管理系统将提升教师和学生在网络工具运用和项目管理方面的效率，最终通过在线平台提高学生的效率和能力。云管理系统有利于"+1"教学法的长期实施，因为它充分利用了教师、学生和家长的资源。由于在学校和工作场所中，可以很容易地使用智能手机和其他数字设备来访问网站，更多的学习者可以参与到学习过程中。

　　Edmodo就是一种方便教师实践"+1"教学法的云管理系统。Edmodo成立于2008年9月，是一个拥有5100万用户的免费社交学习平台。只要接入互联网，任何教育工作者、学生或是家长就可以访问该平台或网站。Edmodo为教师和学生提供了一个安全的位置来连接、协作和共享内容。Edmodo支持在线学习，因此该平台可以用于实现"+1"教学法。例如，教师可以发布与学生的学习主题相关的作业，还可以为学生定制针对不同主题和不同小组的特定文件夹，每个文件夹包含与探究、学习活动、研究和展示相关的信息。学生可以使用Edmodo上传作业，并与老师和同龄人进行对话。中学教师可以通过这一平台创建容纳多个班级和不同时段的课堂小组。如需进一步了解数字工具和课堂平台，可以访问：www.educatorstechnology.com（如果在搜索引擎中键入"Edmodo"，可以找到一些相关资源，特别是视频教程）。

　　Edmodo的一个关键优势是它的安全性。这一平台专为学校和课堂教学设计，是一个可控的环境，教师和学生可以在平台上进行合作。教师创建一个Edmodo账户时，可以执行、管理和控制所有内容。Edmodo平台为学生所提供的社交网络按照以下方式进行管理：

- 教师管理和掌控Edmodo上的每一班级群。

- 学生需要一个访问码才能加入该班级。如果学生在班级之外共享了代码，老师可以修改代码，且修改不影响已经入群的学生。
- 学生只能与整个班级或教师进行沟通——学生之间不能私下交流信息。
- 不能匿名发布信息。
- 教师可以删除帖子。
- 学校如果升级为机构性质（升级是免费服务），就可以审核所有的师生活动。
- 父母可以查看他们子女发布的内容和选择性地查看教师发布的内容。

适应Edmodo的最好方法就在该平台上开一个账户并且开始练习。如果你已经有一个Edmodo账户，请考虑如何使用该平台以支持教学实践。图4.1提供了一个Edmodo的页面屏幕截图，可能看起来像你的课堂。请注意页面上有不同的群和其他的相关功能。

教师可以使用Edmodo发布作业，调查收集学生反馈，嵌入视频剪辑，创建学习小组，发布供学生参加的测验，创建活动日历和布置作业。当学生上传项目作业时，老师还可以直接在Edmodo中对其进行批改，为学生提供即时反馈。这样的技术能很好地支持教育工作者推进"+1"教学法。因为Edmodo是免费平台，所以可以随时被整合进任何课堂。

劳尔是一位知名的Edmodo经验分享者，与教师、学校和管理者分享了她使用Edmodo的经历。教师可以以她的模型为蓝图来创建他们自己的项目式学习教学。劳尔描述了自己在高中法律课堂上使用Edmodo进行了一项旨在了解如何降低美国犯罪率的项目研究的操作流程。首先，她使用Edmodo发布了相关文章，并鼓励学生进行分组讨论。接下来，学生们提出了与主题相关的关键问题。然后，学生们制作了电子演示文稿并和

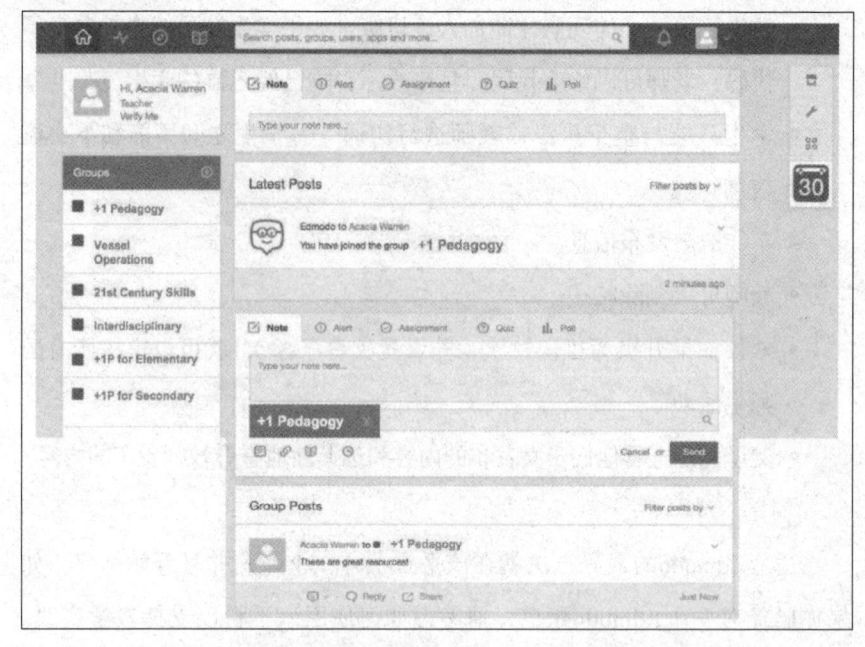

图4.1　Edmodo页面的屏幕截图

他们的同学一起分享。允许学生收集反馈意见并在Edmodo上修改他们的作品。在项目结束时，劳尔在Edmodo上发布了调查，要求学生反思他们的研究并选出降低犯罪率的最佳方法。Edmodo的综合性使学生能够同时在项目上进行合作，并且运用技术提升能力。这种参与反映了未来21世纪的学习趋势，并能够为学生做好大学、事业和生活的准备。

谷歌云端硬盘（Google Drive），也称为谷歌云，是另一种云管理系统，同样可以用来协助"+1"教学法。谷歌云端硬盘的全球用户超过2.4亿，由谷歌创建和管理，允许用户在云中存储文档、与其他用户一起共享文件，以及编辑文档。谷歌云端硬盘文件也可以在网上公开共享，账户持有人和非账户持有人都可以访问信息。例如，下面的公共URL（Uniform Resource Locator，统一资源定位符——也被称为网址）包含一个给读者

第四章　对实施项目式教学有助益的技术

的特别信息，读者不需要账户就可以访问下面的链接：https://docs.google.com/presentation/d/1FSukrppreZSNxkDN6bAJJ4YBOvwpl1VjPQDxuSuSKVw/edit#slide=id.p。

注意，这个网址非常长，但是可以通过复制整个网址并将其粘贴到http://goo.gl中来缩短它（上面会写着"在这里粘贴你的长网址"）。在框中粘贴了长网址后，点击蓝色标签，上面写着"缩短网址"，将看到一个新的缩短的网址（参见图4.2中的箭头）。这个新的网址现在是http://goo.gl/LVRtwR（请区分大小写）。

如果想要让链接地址更为精致，可以创建一个二维码。要执行此操作，请单击"详细信息"一栏（在图4.2中圈出），生成一个二维码（参见图4.3）。当点击"详细信息"时，如表所示，在屏幕上会弹出一个二维码。"总点击量"可以显示有多少人访问过你的二维码。请注意，图4.3中生成的二维码是真实的，可以扫描访问。去试试吧！

二维码提供了一种"快速"获取信息的方法，近年来越来越流行，一般用于广告、传单、演示文稿、日程安排、网站和食品包装。注意：需先

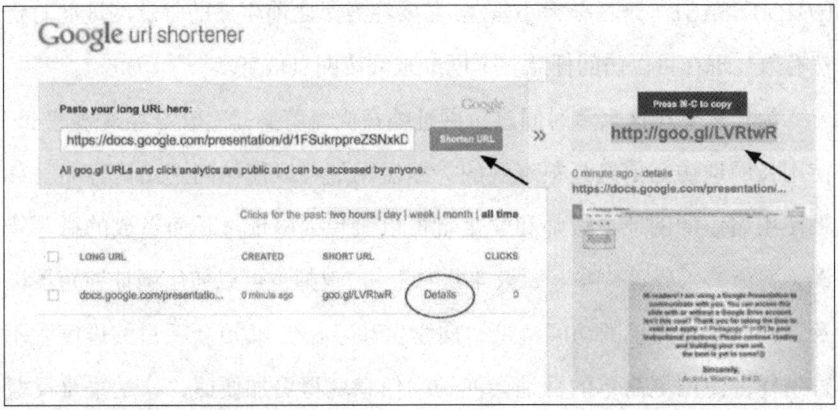

图4.2　谷歌网址缩短器的屏幕截图

141

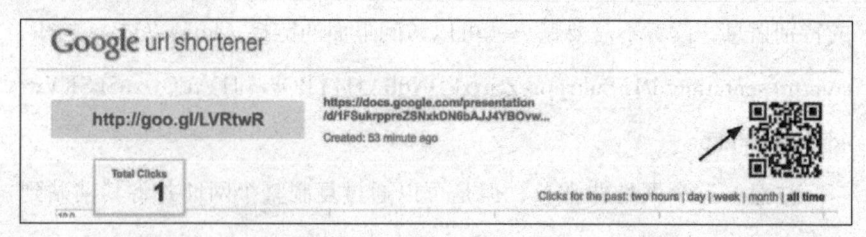

图4.3　谷歌二维码的屏幕截图

在手机或其他数字设备上下载二维码识别软件，然后扫描二维码，接收信息。下次当看到二维码时，只需扫描，即可阅读其所提供的信息。除了之前讨论的网址缩短器外，https://bitly.com也可以缩短和定制网址。如果将从谷歌上截取缩短的网址http://goo.gl/LVRtwR粘贴到bitly网站上，就可以为网址创建一个新名字。如需定制链接，就必须用bitly创建一个账户（该服务免费），但这样的投入是值得的。

如果按照图4.4中的箭头操作，就会发现谷歌的网址已变更为bitly的网址（即http://goo.gl/LVRtwR变成http://bit.ly/1EYmTao）。取得bitly的网址之后，就可以把它定制为"1PMESSAGE（网址新名字）"。只要输入所定制的网址名字，并单击"保存"（详见图4.4），新网址就变成了http://bit.ly/1PMESSAGE（请区分大小写）。需要注意：之前生成的谷歌网址此时仍然有效！现在可以访问任意一个网址来阅读网页信息。

为什么要花这么多时间进行网址缩短呢？答案是：让学生（和家长）使用长网址访问信息是很麻烦的。缩短网址可以使访问网站更容易。如果使用缩短的网址，教师和学生就可以避免因网址过长而造成的拼写错误（例如输入错误的字母、数字或符号）。教师也可以使用网址缩短器以及二维码生成简单的访问链接，向学生和家长告知/更新项目的进度。不管怎样，使用更简单的网址会使访问信息变得更加便捷，这是很难反驳的事实。

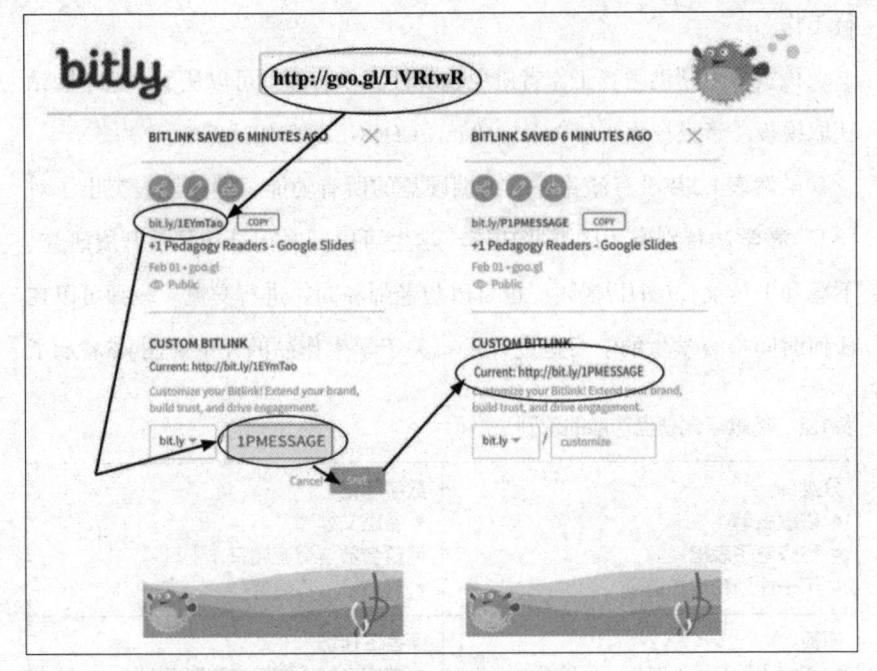

图4.4　Bitly网址缩短器的屏幕截图

除了可以文件共享和内容存储之外，谷歌云端硬盘还有许多其他吸引人的功能。谷歌云端硬盘的具体优势包括：
- 全天候可用
- 减少纸张打印
- 可公布学生作品
- 自动保存
- 修订历史记录
- 与微软Office软件兼容
- 提供模板库

其中，谷歌文档模板库对教育工作者而言特别有用。教师可以使用模板库中的数百个谷歌文档、电子表格、演示文稿、表单和绘图模板进行工作。

该资源可帮助教育工作者避免重复性工作。教师可以从下面这个网站获取模板（请区分大小写）：http://bit.ly/GOOGLETEMPLATES。

虽然表4.2并没有涵盖谷歌云端硬盘的所有功能，但是该表突出了对"+1"教学法特别有用的那些功能。学生可以同时记录作品、开展研究、下载和上传文件/图片/视频，也可以与老师和同伴进行交流。教师可以在任何时间检查学生的学习进度并发布关于学生作品的评论。图4.5展示了

表4.2 谷歌云端硬盘功能的示例

分类	数字笔记
• 谷歌表单 • 谷歌电子表格 • 用于计划和通知指令	• 谷歌文档 • 整合数字资源和写作工具 • 对笔记进行注释
模板	读者工作坊
• 谷歌演示文稿、文档、表单等 • 各种数字模板 • 模板自动保存	• 数字文章（学者文章搜索） • 超链接到图片、视频和资源 • 新书阅读、合作著书、分享和发布新书
作家工作坊	多媒体
• 谷歌文档 • 发表评论并使用书面形式支持 • 同行编辑、修订（修订历史记录）、来源	• 上传和共享视频、图片和音乐 • 将视频和图像链接到谷歌演示文稿 • 修改布局和演示文稿转换
项目式学习	生词本
• 促进以学生为中心的学习 • 使用谷歌表单创建调查 • 对以下任何学习主题进行研究，引用来源，展示和参考（谷歌文档、电子表格、表单、演示文稿）	• 谷歌文档 • 使用视频、图像和字典工具 • 运用谷歌表单制作小测验/单词测试
内容组织与管理	头脑风暴
• 创建、组织和管理任务 • 将内容有条理地放到文件夹和子文件夹中 • 在电子表格中组织和管理数据	• 协作绘图和元认知绘图 • 将想法和概念形象化 • 项目规划

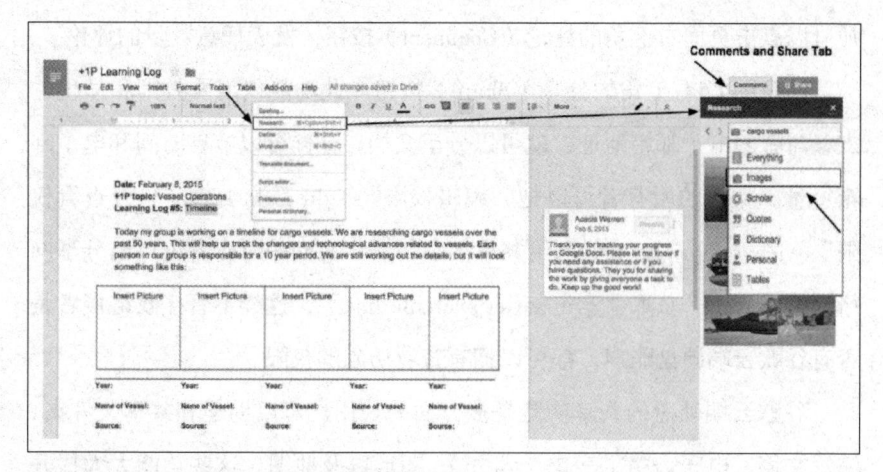

图4.5　谷歌文档学习活动的屏幕截图

在谷歌文档上进行学习活动（学习日志）的示例。

如图4.5所示，注意在"工具（Tools）"选项中的下拉菜单。菜单包括拼写（Spelling）、研究（Research）、定义（Define）（用于字典）、字数统计（Word Count）、文档翻译（Translate document）、脚本编辑器（Script editor）、参数设置（Preferences）和个人字典（Personal dictionary）（学生可以在其中输入并跟踪词汇）。如果学生点击"研究"选项，将其输入谷歌文档时，他们就可以在编辑文档的同时进行研究了。"研究"选项也会生成一个下拉菜单（请参见图4.5最右侧）。学生可以选择研究全部（Everything）、图像（Images）、学者（Scholar）、引用（Quotes）、字典（Dictionary）、人事（Personal）和表格。例如图4.5中，我选择了研究图像并在搜索引擎中输入"货船"。如图所示，搜索引擎的下方显示了几个图像。学生可以点击该图像并将其拖到谷歌文档中，在文档中插入这些图像，调整图像大小并将其移动到文档中所需的位置。一旦图像被拖入谷歌文档，参考文献将出现在该文档的底部。为了禁止剽窃，当图像上传之后，参考文献将自动生成。学生可以在谷歌文档中查看我（教师）的评论。教师可以点击页面右上角的评论（Comment）按钮，发表任意数量的评论。

注意图4.5右上角的分享（Share）按钮。此功能仅需要教师和学生输入参与者的电子邮箱地址，就可以分享文档，这样可以节省时间和电子邮箱容量。文档的所有者可以把"编辑权限"（edit right）或"只有查看权限"（view only rights）分配给共享的参与者。文档的所有者也可以分享网络链接（点击"获取共享链接Get sharable link"），这样不管接收链接者是否有谷歌云端硬盘账户，都可以拥有查看访问的权限。

谷歌云端硬盘的共享功能是多方面的。用户可以创建和共享文件夹、演示文稿、电子表格、表单（调查）、图形以及地图。这些功能大大提升了计算机技术对于"+1"教学法的辅助，同时也减少了教师和学生的纸张浪费。图4.7说明了谷歌云端硬盘的不同功能（参见箭头）。

为了访问并使用谷歌云端硬盘功能，也称为谷歌应用程序（Google Apps），教师需要申请一个谷歌邮箱账号。虽然申请账号是免费的，但有一点需要说明——学生也需要一个谷歌邮箱账号，才可以访问Google应用

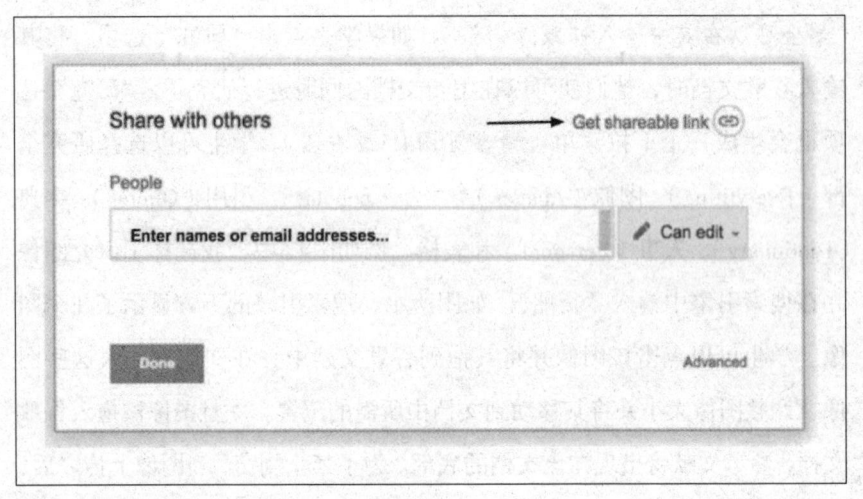

图4.6　谷歌云端硬盘共享功能的屏幕截图

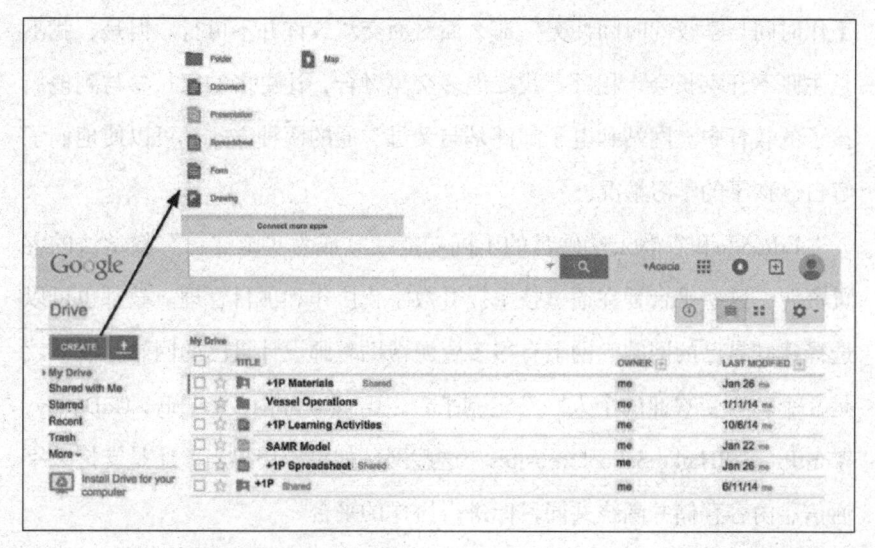

图4.7 谷歌云端硬盘网页的屏幕截图

程序。这可能会对教师和学生带来一定的挑战（特别是那些教小学年级的教师）。为此，谷歌最近推出了谷歌课堂（Google Classroom），这是一个学习管理系统，允许教师在数字平台组织、创建、布置和收集学生的作品。教师可以访问此网站获得更多关于谷歌云端硬盘试用的建议（请区分大小写）：http://bit.ly/100GOOGLEDRIVETIPS。

　　我想花一点时间谈谈父母参与教育的重要性。父母通常很忙，许多变量（家庭需要、工作等）消耗了他们的时间。当教育者以教学为目的进行技术整合时，父母可以更容易地参与其中。家长可以通过在线平台（如Edmodo和谷歌云端硬盘）监督孩子的作业情况，也可以随时访问教师的网站，这样他们将可以了解他们孩子的学习。一般来说，父母都很高兴可以访问支持他们孩子学习的网站，如果网站可以提供学习进度报告并更新当前的作业布置情况就更好了。面对面交流讨论学生的学习进展，对于父母来说并不总是很方便。如果父母身兼两份或更多份的工作，或者他们的工作时间与学校的时间冲突，那么面对面交流或许并不可行。但是，我不是主张不开家长会。相反，我提倡多交流融合，让更多的家长参与到他们孩子的教育中。网站和电子邮件是与父母沟通的两种方式，可以使他们了解自己孩子的学习情况。

Edmodo和谷歌云端硬盘的不同功能使其成为实施"+1"教学法的宝贵资源，这些平台旨在通过技术提升数字化协作和项目管理。教师也可以选择建立自己的网站。网上有很多资源帮助教师设计自己的网站。以下就是几个较为受欢迎的个人网站定制平台：Google Sites，Weebly，GoDaddy，WordPress和Haiku.School websites。这些网站如果应用得当，还是支持数字通信、内容存储并围绕共同目标进行协作的平台。

学习管理系统

学习管理系统提供了用于学习内容管理的另一种方式。尽管学习管理系统和云管理系统功能类似，但它是专门为通过出勤率、成绩、测验和作业来管理教学记录并跟踪学生的学习进度而设计的。学习管理系统创设了一种在线课程的虚拟学习环境。这一管理系统主要是在大学阶段使用，除了管理学习内容之外，还可以供学生注册一门或多门课程。Moodle website就是一个流行的教育学习管理系统，在全球拥有7000万用户和超过700万门课程。"Moodle"一词即"模块化面向对象的动态学习环境"的缩写[1]。Moodle是一个免费的web应用程序（可通过浏览器访问的应用程序），可以用于制作网络课程。在这些课程中，学生可以通过14个不同的活动与他们的同学、老师或者教授进行互动。活动包括以下内容：

• **作业**：教师能够对已上传的文件和线上线下作业进行评分和给出

---

[1] Moodle: Modular Object Oriented Developmental Learning Environment.——译者注

评价

- **聊天**：参与者可以进行实时同步讨论
- **选项**：教师可以提出问题并针对多种回答指定可选项
- **数据库**：参与者可以创建、维护和搜索大量的记录条目
- **外部工具**：参与者可以与其他网站上符合学习工具互操作性（LTI-compliant）的学习资源和活动进行互动①
- **反馈**：可以创建调查和进行调查以便收集反馈
- **论坛**：参与者可以进行非同步讨论
- **词汇表**：类似"词典"，参与者可以创建和维护定义
- **课程**：以灵活的方式转化应用内容
- **测验**：教师可以设计和设置测验，可以自动判分并提供反馈或更正答案
- **SCORM**：可以将可共享内容对象参考模型数据包加入课程内容（SCORM，Sharable Content Object Reference Model，一个基于网络的学习内容的标准和规范）
- **调查**：可以收集学生数据，帮助教师了解他们的班级并反思自己的教学
- **百科**：任何人都可以进行添加或编辑的网页合集
- **工作坊**：同伴可以进行评价

学校和学区可以定制自己的Moodle网站和课程。Moodle之所以能够流行，是因为对于所有的互联网用户来说，其使用方便、操作简单，还可以免费创建账户。Moodle的功能还包括日历、讨论区和作业提交。学校可以

---

① LTI: Learning Tools Interoperability，"学习工具协同"，也有译成"学习工具互操作性"，是全球学习联盟（IMS）推出的学习工具互操作规范。——译者注

用Moodle来管理内容，与师生建立在线交流，如有必要，还可增设课程。如需更好地了解Moodle的数字功能，请访问https://docs.moodle.org/20/en/Features。

黑板网络学习空间（Blackboard Learn）是另一个常见的学习管理系统，也称为Blackboard，由Blackboard公司拥有和经营。黑板网络学习空间的用户遍布全球100个国家的约17 000所学校，在美国各大高等院校的普及率达75%，超过半数的基础教育学区（K–12 districts）使用这一平台。作为一款多功能的课程管理系统，Blackboard支持在线学习。该平台结合网络课程与现实课程，特别适用于大学用户。例如，用户可以在周一和周三在大学里学习校内的课程，但仍可以在课外访问Blackboard的讨论区、作业区和其他活动区进行讨论和学习。Balckboard并不是一个免费的平台，学校必须为其服务付费。不过，Blackboard推出了一个叫作"课站"（CourseSites）的新平台，在该平台上学校可以最多免费创建五门课程。

"Blackboard"网站上的两份声明是"重塑教育"与"新一代学习者的解决方案"，两份声明中的内容都适用于21世纪学习与数字化教育。我们的世界正在迅速变化并适应新的技术。正因如此，教育工作者有责任帮助学生做好迎接数字化时代的准备。要做到这一点，可以从把更多的计算机辅助技术整合到课堂中开始。

思考　提问　转化应用

回忆你曾使用过的Edmodo、谷歌云端硬盘、Moodle、Blackboard，或其他上文未提及的云管理系统。云管理系统如何支持"+1"教学法的实现？如何将有关云管理系统和学习管理系统的知识转化应用到你所在的地区、学校或课堂？

社交媒体

　　计算机技术通过创造力、批判性思维、协作和研究，支持了人们无限的探索。社交媒体是数字技术的另一种形式，人们可以在虚拟社区中创建和共享内容（比如：Facebook、Twitter、Instagram、Pinterest、Snapchat等）。虚拟社区存在的目的是构建社交网络和收集有关人员、观点或主题的信息。学生主要使用社交媒体进行同龄人之间的数字化交流。很多学生在社交媒体方面很有能力，他们通过社交媒体交流，甚至比在实际课堂上交流得更多，这些都是我们教育工作者不能忽视的现实。你有没有发现学生在课堂上课时使用社交媒体？如果你是一名中学教师，答案很有可能是肯定的。社交媒体是众多可以转移学生课堂注意力的事物之一。让我们面对现实：社交媒体是有趣的、引人入胜的、诱人的，甚至容易上瘾的。尽管如此，我们如何改变现状，让学生以教育为目的来使用社交媒体？

　　首先，教师必须有意识地把社交媒体整合到课堂实践中（例如，创建与学校教学相关的社交媒体账户）。如果教师不能有意识地做到这一点，那么在课堂上采取利用社交媒体的行动就会减少。其次，教师需要寻求来自学生父母的支持。父母的支持是至关重要的，特别是在有利于促进融入21世纪技能、技术和提高全球竞争力的教学实践中尤为重要。再次，教师需要制定行动计划，包括制定如何在课堂教学中使用社交媒体的指导指南。该行动计划应包括规章制度和期望。我们很清楚，社交媒体有可能会利用不当，因此需要制定协议规避可能出现的问题。教师可以鼓励学生课堂内外都按照数字公民权的要求，负责任地使用社交媒体和互联网。数字公民权为网民在数字化世界里合理使用技术制定了规范和准则。迈克·里贝尔指出，数字公民权的九大要素包括：1）数字化访问，2）数字化商务，3）数字化通信，4）数字化素养，5）数字化礼仪，6）数字化法律，7）数字化权责，8）数字化健康，和9）数字化安全。教师如需获取更多关于数字公民权的信息，请访问：www.digitalcitizenship.net。最后，教师可以通过将社交媒体的教学用途应用到课堂内外，来检验计划是否成功。例如，教师和学生可以使用社交平台参与讨论，或者分享与"+1"教学项目相关的研究。这一讨论无论是在课上、晚上还是周末，都可以随时随地进行。如果教师通过社交媒体和计算机辅助技术提供了一种可参与的学习体系，那么他们就可以在教学时提升合理地运用技术辅助的水平。

允许学生在教室里"有组织地"使用手机，教师也可以从中受益。许多学校没有为学生一一配备数字设备，但是教室里的智能手机可能比数码设备要多得多。此外，还有许多教室配备的工作电脑/笔记本电脑/数字设备不足五台。当然，这对于技术的整合是一个挑战，尤其是如果每个班（或时段）都有35–45名学生之多时。考虑到这些事实，我们是应该在教室里禁止使用手机，还是应该想办法让手机发挥作用？其实，只要以教学为目的适当地使用手机，比如用手机来进行研究和项目合作，那么我们就没有太多理由反对学生在课堂上使用手机。当然，会有人担心手机的安全性、防火墙技术以及是否应在课堂上监控手机活动。虽然我明白这些担心都是有必要的，但是同时我也清楚，当学生明确了教师的期望，清楚了指导方针，以及了解了可能产生的后果之后，他们通常比较顺从。对于那些选择"违反规则"的学生来说，也可以相应地进行处理。总体上，我建议在教室里使用手机，而不是完全禁止使用手机。在学生们还没有机会证明他们会"违反规则"、滥用手机之前，就拒绝给他们机会尝试，并不是真正地为学生好。同样重要的是，不是所有的课堂活动/课程/任务都需要使用手机，因此教师们需要确定在活动、项目或任务中使用手机的合适时机。

回到社交媒体和数字化协作的话题中来。目前，有众多平台可供教师和学生实践"+1"教学法。不管教师使用哪个平台，都需要注重有关数字通信以及协作工具的整合。教师和学生可以使用TodaysMeet（www.todaysmet.com）和Padlet（www.padlet.com），二者都是方便用户使用的平台。这两个网站都具有"聊天室"功能，用户之间能够进行数字通信。师生可以在校内和校外进入平台。TodaysMeet是免费的，不需要用户注册账户。然而，建立一个账户对教师有额外的好处，例如可以创建一个聊天时间更长的聊天室。教师可以登录网站并命名聊天室（名字中间不能有空格）。教师命名聊天室后，可在搜索引擎中看到一条可以与学生共享的网址，这样学生就可以在聊天室中围绕项目进行交谈。即便学生没有注册账户，也可以访问该聊天室。当他们去指定的网址时，系统会提示他们创建一个"昵称"。与命名聊天室类似，昵称也不能有任何空格。例如，昵称可以是"JessicaDavis或JessicaD"，但是如果将昵称输入为"Jessica Davis"，就会被提示名字之间有空格而无法进入聊天室。当学生们进入房间之后，他们会看到消息框上面的数字"140"。这个数字代表每条消息一次允许的最多字符数。请注意"倾听"（Listen）下面的对话是按从上到下的顺序排列的，其中最新的信息贴在最上面。图4.8展示了TodaysMeet在"+1"教学过程中进行协作和共享资源的方式。

教师在TodaysMeet创建课程的同时，还要控制好讨论的话题。这样做是出于方便安全的目的，同时也便于过滤掉可能在其他更受欢迎的社交媒体中会出现的多余对话。

Padlet是另一种虚拟通信媒介，可以围绕特定主题进行讨论。该平台虽然是免费的，但用户仍需要建立一个账户。一旦账户建立，用户就可以创建和命名他们的作品墙，然后与其他人分享这个网址。教师可以使用Padlet开始任何学习主题的对话。他们也可以定制不同用途的多面墙。Padlet与TodaysMeet类似，学生不需要创建账户就可以在老师的墙上发布

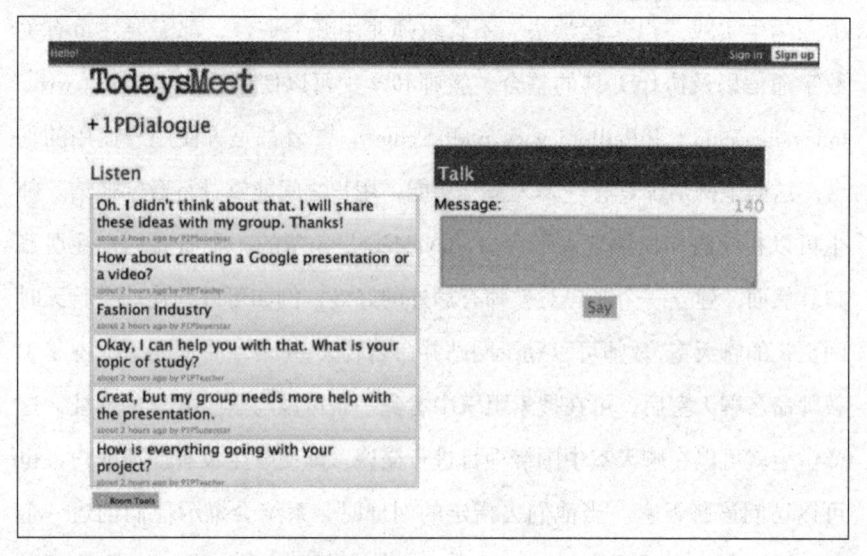

图4.8 TodaysMeet的屏幕截图

信息。学生只需要网页链接就可以访问。一旦学生在搜索引擎中输入网页链接，他们就会自动进入讨论。

注意，在图4.9中，我创建了一个墙以启动关于"+1"教学法的对话。我选择世界地图作为背景，主要是因为"+1"教学法提升了全球竞争力，还有很多其他的背景可供选择。创建聊天室之后，下一步就是与学生共享网址。学生可以使用任何数字设备（笔记本电脑、手机、iPad等）进行访问。教师还可以把Padlet的链接分享给学生家长。虚拟平台可以让家长们更容易地参与到该过程中。图4.9提供了来自家长的评论示例（查找"David的家长"）。读者可以发现，Padlet内容涉及多个方面，并且它还是支持项目管理的优秀资源。师生可以进行对话，共享网络链接，上传文件，使用网络摄像头拍照并观看分享视频。这类虚拟社区促进了计算机辅助技术在课堂上的运用，提升了学生在项目上的协作能力，有利于内容和资源的探索和共享，保证了进度监测和建设性反馈——所有这些都推动着

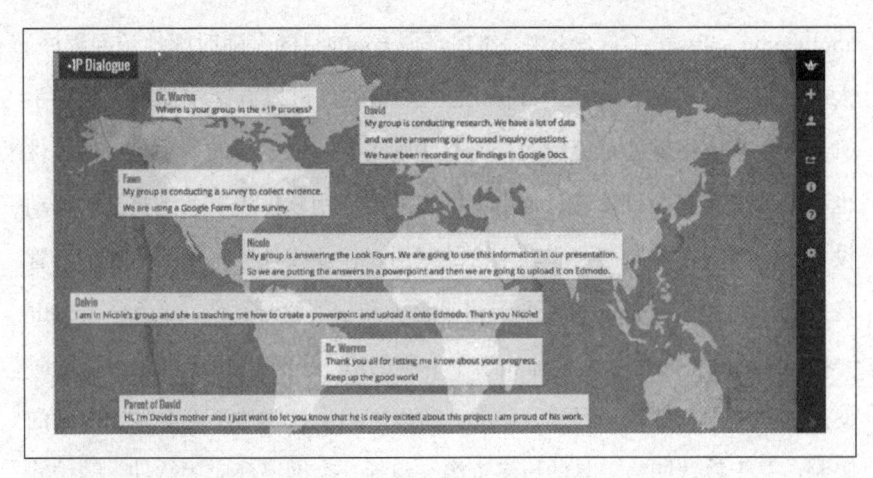

图4.9　Padlet的屏幕截图

"+1"教学法的实施。让我们开始真正讨论"+1"教学法，并开展我们的教学实践吧！如对"+1"教学法的实践有任何意见和评论，请登录此链接发表你的看法（可以双击墙来发表评论）：http://bit.ly/PADLETFOR1P（请区分大小写）。

> 思考　提问　转化应用
>
> 回想你作为学生/成人使用过的社交媒体或数字通信平台。上文所列的平台中，你可以使用哪些平台促进自己实施"+1"教学法的实践？如何整合有关社交媒体/数字通信平台的知识，并将该知识转化应用到你所在的地区、学校或课堂？

应用软件

广义上说，移动应用软件是设计用于智能手机、平板电脑、计算机和其他移动设备上的程序。根据维基百科上的说法，"app"一词是

application software（应用软件）的缩写。app的目的是随时随地访问程序。大多数智能手机都包含多个app，这些应用软件可以方便快捷地下载到手机上。有些应用软件是免费的，而有些则需要收取少量的费用。应用软件也可以用来实施项目管理。师生可以将某些应用软件先下载到自己的移动设备上，然后再开始"+1"教学法的对话、作业或任务。上文所述的云管理系统（例如，Edmodo和谷歌云端硬盘）和学习管理系统（例如，Moodle和Blackboard）都有可供教师和学生下载的应用程序。由于师生可以随时使用这些应用软件对项目进行访问，所以"+1"教学法不会受课堂时间的限制。关于教育网络工具的更多资源，包括社交网络和应用软件，请访问网站：http://bit.ly/EDUCWEBTOOLS（区分大小写）。

在没有技术支持的情况下实施"+1"教学法

在没有计算机辅助技术支持的情况下实施"+1"教学法，教师将会面临一些挑战。如果没有技术辅助教学，那么教师在课堂之外将更加难以促进学生开展数字化学习，应用多种概念，存储内容和开展协作。此外，还有其他存储内容的方法，如Excel电子表格和Word文字处理，但是与云管理系统、学习管理系统、社交媒体平台以及教育应用软件的突出优势相比，这些方法都相形见绌。希门尼斯–埃利亚森认为，先进的技术可以帮助教师充分适应多种学习方法（例如，本地合作和全球合作、演示、视频会议和研究）。这些数字化的学习方法增强了跨网络的项目管理、沟通和协作。另外，有限的技术迫使教师要依赖于纸质的方式管理数据或内容，例如文件、复印件、活页夹和文件夹。这种管理数据或内容的方式非常耗时，如果学生人数多，情况会更加糟糕。因此，建议教师充分利用教育网站和应用软件资源，特别是那些免费的资源。

如果没有一种有效的手段来进行数字协作、内容的组织和管理以及加

第四章 对实施项目式教学有助益的技术

图4.10 Edmodo、谷歌云端硬盘、Moodle和Blackboard的应用图标的屏幕截图

强技术的使用，教师和学生将发现在"+1"教学法实施过程中难以整合技术。因此，教师必须要研究网站和其他数字化平台以扩展"+1"教学法实施的范围。在计算机技术的帮助下，这一设想正在变成现实，上文中所列的综合平台就可以激发师生创造性地参与该过程。全世界的教育工作者都可以充分利用云管理系统、学习管理系统和其他支持21世纪学习的数字工具。互联网提供了许多免费的课程和项目开发的网站。但是，那些需要收费和签订产品使用协议的网站（如Blackboard for K-12和Project Foundry）同样可以丰富教学实践。学校和教师用来促进"+1"教学法实施的任何形式的计算机辅助技术，都能推动21世纪的学习。当学生使用网络技术支持自己的学习时，他们会对自己将来的升学、就业和生活有更充分的准备。

"+1"教学法要求教师组织和管理内容，为学生沟通创造数字化途径，并且培养学生将技术工具应用到项目中的能力。积极参与真实的项目需要丰富的资源和精心的规划，需要在学校里建立知识表达的新形式，以及更广泛的数字化协作与通信机制。计算机辅助技术的丰富资源不仅是成功实施"+1"教学法的必需条件，而且在升学和就业准备的锚定标准中也有要求。写作锚定标准6要求："运用包括互联网在内的技术来创作和出版作品，并与他人一起进行互动与合作。"同时，听说锚定标准5要求："富有策略地使用数字媒体与数据，从而更清晰地表达信息，增进受众对项目展示的理解。"即使课堂里只有教师一人可使用数字设备和进行网络访问，教师仍可以充分利用网络数字资源，引导学生去探索一个等待他们发现的世界。本章和之前几章都强调了技术、21世纪技能和共同核心州立标准之间的关系。

小结

计算机辅助技术提升了学生的学习体验并提供了使用数字化工具的背景。本章概述了数字化教学的关键特点，除此之外，本章还探讨了用于加强内容管理、实施和协作的技术工具，提供了探索和应用数字化工具的机会。"+1"教学法为技术整合、校内外协作以及增强有关概念和思想内容的长期记忆提供了令人信服的案例。这种交互式框架可以促进师生建构知识的主动性，整个过程就如你创造这一交互框架一样令人兴奋、引人入胜。通过在项目中嵌入技术、研究/调查以及21世纪技能，教学的质量得到了提升。最重要的是，学生具备了能够在本国和全球具有竞争力的技能。请记住，从现在开始整合课堂中的计算机辅助技术，不要停滞不前。下一部分将探讨责任机制和评价，并结束"+1"教学法的实践过程。最后两大要点，即要点6（提出建议、项目展示）和要点7（写作评估、反思与承诺）将会得到进一步详细的探讨。

本章关键词

- SAMR模型
- 数字化教学
  - 混合式学习
- "+1"教学法与数字化教学
- 云管理系统

- Edmodo
- 谷歌云端硬盘
- 学习管理系统
  - 谷歌课堂
  - Moodle
  - Blackboard
- 社交媒体和数字通信平台
  - TodaysMeet和Padlet
- 应用软件
- 在没有技术支持的情况下实施"+1"教学法

INTERSECTION 3

第三部分

评估

厨师尝汤时的评价是形成性评价,客人品汤时的评价是终结性评价。

——罗伯特·斯坦克

"+1"教学法路线图

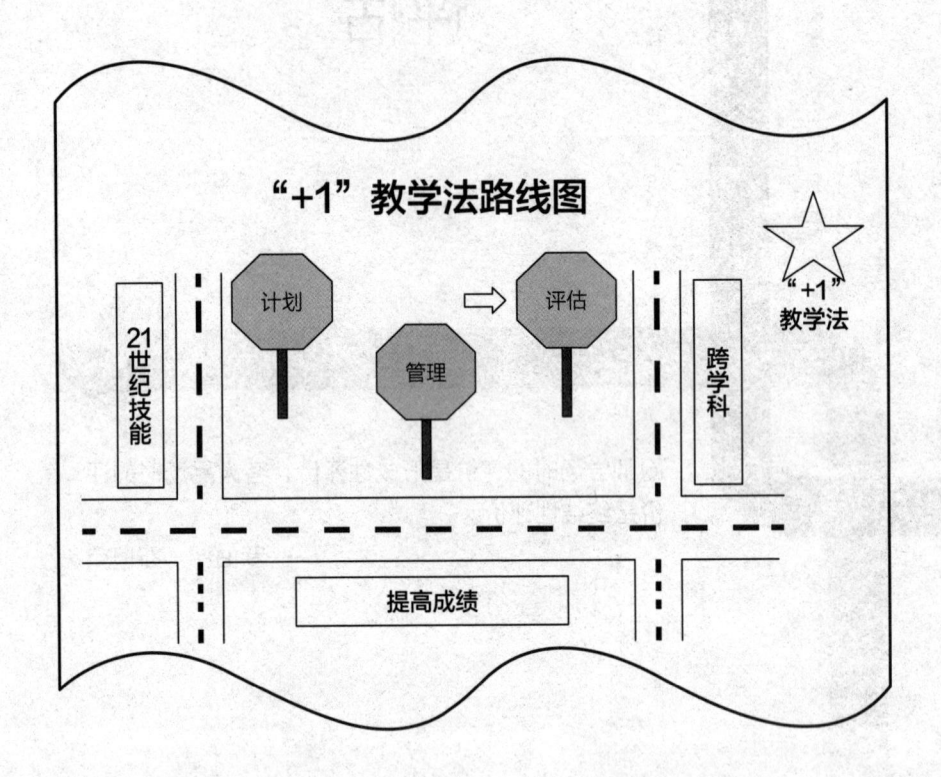

- 计划
- 管理
- 评估
- 21世纪技能
- 跨学科
- 提高成绩
- "+1"教学法

── Exit at Assessment ──

第五章
通过 "+1" 教学法评估项目式学习

在学校和生活中，评估是不可避免的，也是绕不过的话题。从本义上讲，评估旨在衡量对内容、概念和技能的掌握情况。从象征意义上讲，评估旨在衡量人的能力、韧性和毅力。教育成果的大多数指标都是通过评估进行确定的。教育工作者使用评估来监控成绩或是掌控情况，确定需要改进的方面，并为教学提供反馈。无论是何种方式的评估，都是为这些指标服务的，而善用评估的关键是运用指标制定详细的计划，为学生的学业成功做好准备。

以交通安全为例，美国机动车辆管理局对驾驶执照获取的规定就很好地体现了评估的重要性。所有司机必须先通过笔试和路考之后才能拿到驾照，而想要通过这两个测试，都需要具备一定的技巧和准备；这同样适用于教育。学生必须先通过大量的评估，之后才能获得高中文凭，并继续通过更多的评估获得大学学位；这些评估测试需要学生具备技能并充分准备才能通过。教师肩负着重任：他们不仅要帮助学生做好准备，通过评估，同时还要明确评估的目的，使用评估数据指导教学实践。评估也与责任有着内在的联系。教育工作者、家长和学生需要对评估的内容以及评估的结果负责。接下来的章节将重点介绍责任机制的各个方面以及评估的内容、原因和方式。

我们也将探讨最后两个要点——要点6（提出建议、项目展示）和要点7（写作评估、反思与承诺）。最后，本章回顾了21世纪技能及其与学生成绩提高和"+1"教学法教学过程的关系。

完善责任机制

尽管在教学中，学生的年龄、课程、任课教师和教育基金在不断变化，但责任机制是为数不多的几个常数之一。甚至可以说，责任将在教学中永远存在。除了对自己的行为负责之外，伯克通过五个问题定义了责任：

1. 谁对谁负责？
2. 为了什么目的？
3. 为了谁的利益？
4. 使用了什么方法？
5. 产生了什么后果？

我们提到教育责任机制时，往往与学生成绩相关。伯克提出的这五个问题拓宽了学生成绩之外的责任。尽管学生成绩是学生成功的关键指标，但是我们不应该把它当作学校进步和取得成绩的唯一指标。伯克提出的问题从多个层面定义了责任。如果你想知道为什么学校如此强调责任机制，答案很简单——学校是利益相关者。在教育方面，作为教师的我们不仅要对自己负责，还要对学生、家长、同事和整个社会负责。我们共同影响学生的学习和成绩，因此应该共同为学生的成绩和评估结果负责。尤为重要的是，教师要考虑何时实施"+1"教学法。每个人都要对学生取得的成绩负责。在确保学生成就的问题上，老师有责任，学生有责任，家长有责任，学校管理者同样有责任。如果没有集体的责任机制，教学体系的预期结果就不太可能实现。

亨兹奇克和沃尔斯泰特提出，责任机制中各方的关系共有三个维度。首先是价值观，它描述了利益相关者所关心的内容。当各方拥有相同的价值观时，责任机制间的关系运作就会更好。"+1"教学法需要的价值观是：通过培养21世纪技能，提升学生的学习意识、提高学生学习成绩，并且培养学生的全球竞争力。该教学体系建立在一个以加强学校教育计划的基本价值观为目标的哲学基础上。其次是决策权，它需要所有利益相关者在一定程度上达成一致。由于利益相关者的意见和责任各不相同，因此在有关各方之间达成某种程度的共识至关重要。以"+1"教学法为例，教师、家长和学校管理者需要根据学校的预期效果进行互动和协作，并从中获益。例如，教师可以与来自不同年级和不同系别的其他教师一起规划项目，而不是单打独斗独自策划。为此，教师需要一个管理团队的支持，帮助他们协同规划。如果家长们愿意加入这个团队，也可以考虑让他们参与进来。最后是信息，它可以用于明确目标和行动。教师需要信息对项目进行合理的计划、管理和评估，学校也需要尽可能多的真实信息进行有效的教学实践。因此，"+1"教学法是以研究、计划、职业发展、12个要素（见表1.3）、实用工具和模板、教学内容连贯性，以及最为重要的课堂知识转化应用等一系列因素为基础的教学框架。

许多职业都具有责任机制。这些机制可以督促从业人员达到高标准的业务水平。然而，高标准的业务水平只有在共同承担责任的条件下才能得到优化。教学除了生理上、情感上和认知上的需求之外，还涉及多个方面，其中包括对教学进行的计划、管理和评估。尽管教师这个职业并非无偿，但是这份工作对教师的要求很高，而且也相当辛苦。因此，教师在帮助学生做好准备，取得学业和生活上的成功时，需要家长、学校管理者和社会的支持。光靠教师一个人是不能承受这样的重担的，他们需要一个支持系统，需要每个人都为学生的成就负责。

教育工作者可以通过课例研究（lesson study）和教学巡查（instructional rounds），培养其专业能力并推动其职业发展。下面将对每一种策略进行描述并讨论这些策略在"+1"教学法中的应用。

课例研究小组对课例研究的定义如下：

> 课例研究是日本教师职业发展的一种途径，教师通过进行课例研究，系统地考察他们的教学实践，从而更加有效地进行教学。这种考察的核心是教师针对少量的"研究课例"进行协作、规划、讲授、观察与评论这些课例。为了明确此项工作的重点和方向，教师可以选择他们想探索的首要目标和相关研究问题，以便指导他们开展研究课例的工作。

> 在进行课例研究时，教师们共同起草一份该课程的详细计划，一位教师在课堂上使用该计划进行授课（小组的其他成员旁听）。然后，大家一起讨论他们对这堂课的观察。通常，小组会针对意见对计划进行修改，并且在此基础上，让另一位老师在另外的课堂上进行实践，同时小组成员再次旁听，随后再次进行讨论。最后，教师们出具一份报告，说明他们的研究课例给他们带来的思考和发现，特别是与他们的研究问题相关的内容。

简言之，课例研究是一种提升教与学的协作实践。费尔南德斯和乔克什认为，课例研究是"对复杂性教学活动进行深层反思"的一种途径，可以在不同的年级或部门分享。他们鼓励教师通过创造性的实验进行课例研究，以保证高质量的教学。换句话说，课例研究模式需要适应或满足具体情境，以更好地满足教学团队的需求。在一所学校取得成功的课例研究可能无法在另一所学校成功实施。因此，必须为不同年级或部门的教师开发一种通用的阐释方法和认识，帮助他们了解如何有效地运用课例研究。后者可减少教师进行教学实践时所产生的焦虑。

　　教育工作者可以很容易地调整"研究课例"，从而将其加入"+1"教学法的框架中。观察同事授课，并在之后对教学过程进行思考，将对自己的教学大有助益。如有可能，建议在教师独立实施该教学框架前采用这一方式。课例研究也可以跨学科、在不同年级中进行，也就是说，一位七年级的英语老师可以旁听一位八年级的科学老师进行"+1"教学法一部分或多部分的教学实践，因为这两位老师使用相同的计划模板，教学实践过程有相似之处；七年级和八年级的老师还可以使用相同的单元计划作为学习主题，并观察"+1"教学法如何应用于这两个内容领域，这同样符合该教学框架的跨学科性质。不管怎样，教师们参与课例研究都需要规划时间，需要其他同事的共同参与以及管理者给予的支持。学校必须重视课例研究。如需获取更多关于课例研究的资源，请访问以下网站：http://www.tc.columbia.edu/lessonstudy/resources.html。

　　教学巡查是另一种强调分担共同责任的协作过程，该过程源自医生在医院中进行的医疗巡查。教师使用教学巡查为教学实践提供信息，一般是报告教学实践中的某一问题，但也有可能是关于年级或部门的教学目标。马扎诺认为，"这种方法的主要优势在于在旁听结束以及随后进行的自我反思中观摩教师之间进行的讨论"。与课例研究相类似，教师进行二十分钟的公开课，旁听结束后，观摩团队成员会对这段教学实践进行反思。马扎诺建议教师注意观察他们特别感兴趣的策略，例如教师如何在课堂上使用提问技巧或知识导图。在观察中，教师还可能存在共同关注的问题，如关注学区或学校教学目标的落实。应鼓励教师将教学巡查作为观察"+1"

教学法实践的一种途径。教师可以在旁听中观察具体的教学行为部分，如针对性探究，某些学习活动，学生如何进行研究，学生成果的展示，以及他们认为有必要研究的其他部分。除此之外，教师需要时间来计划和实施教学巡查，同时也需要管理者的支持。如需获得一份用户友好的教学巡查简介ppt，请访问以下网址：http://bit.ly/INSTRUCTIONALROUNDS。

思考 **提问** **转化应用**

思考一下你所在的环境中强调责任机制的方式。如果学校没有责任机制，会发生什么？如何将伯克的五个问题、课例研究和教学巡查的知识转化应用到你所在的地区、学校或课堂？

形成性评价和终结性评价

通常，学生的成绩和表现水平是由形成性评价和终结性评价来衡量的。这些评估包括各种测试，大到州测试和地区基准测试，小到每天的课堂测试和测验。评价提供了关于学生学习的宝贵信息，让我们能够更清楚地了解学生的成绩或学生间差距可能出现的地方。为了探讨"+1"教学法的评估，有必要阐明形成性评价和终结性评价之间的区别。斯蒂金斯和夏普伊斯指出，终结性评价是指在学习结束之后进行的、确定学生是否达到要求的测试。终结性评价发生在教学结束之后，因此对今后的教学几乎没有什么启示。终结性评价不太可能影响具体的日常教学决策。终结性评价通常在某一学期末或学年末进行。形成性评价在学习过程中进行，帮助教师调整教学决策，从而更好地帮助学生取得学业成功。因此，形成性评价对教师未来的教学和学生在学习过程中的调整有一些影响。加里森和埃林豪斯指出，形成性评价可以向教师和学生提供关于学生对某一知识点理解情况的信息，同时可以及时地进行调整。加里森和埃林豪斯确信，在一个平衡的评价体系中，终结性评价和形成性评价是信息收集不可或缺的组成部分。

形成性评价和终结性评价对"+1"教学法同样至关重要。教师可以使用形成性评价来衡量学生是否已经理解教授的内容，明确学生对所学内容是否已经掌握，保证学生达到学习目标。这样教师在教学过程中就能知道是否需要对某些概念再度讲解，是否需要调整特定的任务或学习活动，并监控教学进度。下面是"+1"教学法形成性评价的示例：

- 学生日记和笔记
- 测验
- 数字化对话（Padlet、TodaysMeet、谷歌云端硬盘等）
- 趣闻笔记
- 家庭作业
- 离开教室许可证
- 观察
- 教师参与的学生/小组会议
- 学生提问——学生是否只会提出一些关于明确具体任务或学习活动的问题？他们提出的问题是否表明了他们对于任务学习活动有更深入的理解和概念性知识？
- 知识的应用——学生可以把他们的知识应用到一个具体的任务或学习活动中吗？

形成性评价以及教师可以选择使用的许多其他评价方法，提供了关于学生学习内容和学习方式的信息。我们越了解学生的学习过程，就越能更好地调整教学实践，确保学生在学习上取得进步。

另一方面，终结性评价有助于评估正常水平学生的掌握程度、预期结果（即项目目标）以及评估教学过程的总体有效性。以下是"+1"教学法终结性评价的例子：

- 项目展示
- 写作评估
- 反思与承诺——学生是否相信他们能够改变或改进与他们学习主题相关的东西？
- 行为的变化——当学生学习结束时，他们是否表现出更强的学习动力和学习意愿？

终结性评价可以用于目标的设定和第二轮教学实践的调整。例如，如果教师发现项目展示没有按照计划完整详细地进行，那么他们可以更改下一轮的项目展示标准。不管怎样，形成性评价和终结性评价对于"+1"教学法的成功实施都是不可或缺的。

思考　　提问　　转化应用

思考一下你在课堂上所使用的不同类型的形成性评价和终结性评价。使用这两种评估方法有什么好处？如何将形成性评价和终结性评价的知识转化应用到你所在的地区、学校或课堂？

以计算机技术为基础的评估

美国共同核心评估使得学生可以与美国全国范围内的同龄人一同接

受评估。由于共同核心州立标准针对美国全国范围，因此各州对学生应该掌握的知识和能够达到的要求是相似的。在美国共同核心州立标准出现之前，各州根据各自的州立标准对学生进行评估，这相当于50个州拥有完全不同的标准。这样的评估系统使得美国各州无法达到一致性、内聚性和连贯性。因此，各州的学生评估数据无法进行比较与关联，因此很难确定学生的"掌握程度"和各州间教学水平的合理"排名"。

因此，政府资助的四个联盟已经开始发展与共同核心一致的评估体系。特别是"为升学和就业做准备的评估联盟（简称PARCC）"和"智慧平衡评估联盟（简称SBAC）"这两个评估体系已在学生中进行了试验，并已广泛开展实施。迄今为止，12个州和哥伦比亚特区已采用了PARCC评估体系，而18个州和美属维尔京群岛已采用了SBAC评估体系。PARCC与SBAC这两个评估体系均基于计算机技术。美国国家中心和州立合作联盟（简称NCSC）和动态学习地图（简称DLM）正在为有严重认知障碍的学生开发替代性评估体系。

除了年终终结性评价之外，PARCC和SBAC评估体系还提供了形成性/中期测试材料。形成性评价旨在帮助教师和家长确定学生整个学年的优点和弱点。教师可以运用数据，在学年结束前对特定学生进行有针对性的干预。针对3–11年级学生，PARCC评估体系有四个重要部分，如下所示：

1. 在每学年开始时，进行诊断性评估
2. 年中评估预测学生在学年结束前可能具有的表现
3. 表现性评价，在学年的最后一个季度进行
4. 年终终结性评价

SBAC评估体系分为3–8年级和11年级，包括三个重要部分：

1. 利用计算机进行的终结性评价，在学年的最后12周内进行

2. 中期评估，可用于预测终结性评价中学生的表现，同时也反馈了学生的进度（强制性）

3. 形成性评价资源，帮助教师诊断和回应同共同核心州立标准相关的学生需求

这两个评估体系的目标是通过表现性任务和技术强化项目，增加测试过程的一致性和明确性，并对高阶思维技巧进行评估。学生对"+1"教学法的形成性评价和终结性评价的熟悉程度将有助于他们掌握新版的共同核心评估。

PARCC评估体系和SBAC评估体系之间其他的关键性差异如下：

1. PARCC评估体系的终结性评价采用固定的形式，也就是说，学生从几个固定的、等同的项目和任务集合中选择一个接受评估。

2. 智慧平衡评估体系利用计算机技术进行，这意味着学生可以获得个人定制的项目和任务，他们的项目和任务取决于他们接受测试时的回答。在学年结束前，学生还有机会重新测试。

3. PARCC评估体系有可选的诊断性评估和可选的基于计算机的年中评估，包含有与终结性表现性任务颇为相似的任务。PARCC评估体系还有针对K-2学生可选的形成性表现性任务，以及针对3-8年级学生和高中学生必选的非终结性的听说评估。

4. 智慧平衡评估体系有针对3-12年级学生可选的中期评估，这些评估是计算机自适应的（由计算机根据学生能力水平自动选择测题），适用于多种项目类型，包括表现性任务。学生人数、时间安排和评估范围均取决于当地情况。

新一代评估需要以计算机为媒介的技术的技能的辅助，但是不必考虑

美国各州采用共同核心评估的类型。尤其是PARCC和SBAC评估体系都是以计算机为基础，在"+1"教学过程中整合技术是有利的和前瞻性的。除了为升学和就业做好准备之外，经常使用技术的学生会更好地为接受这些评估做准备。

要点6：提出建议、项目展示

一般来说，提出建议的目的是让学生向特定受众提出建议。鼓励学生团队根据他们调查/研究的发现来提出建议，验证建议，并解释他们所提建议的好处。

学生根据调查、研究发现提出建议

这一隶属"+1"教学法的特殊要素使学生有机会提出与其学习主题相关的改进建议。学生可以选择将他们的建议推荐给下面的一个或多个受众：

- 另一个课堂
- 另一所学校
- 学校校长
- 父母/家庭成员/邻居
- 某协会/公司/企业
- 学校主管
- 市长

学生也可以直接将他们的建议推荐给该名单之外的受众。"+1"教学法中的建议部分旨在培养学生解决问题和进行批判性思考的能力。学生所提的建议不是随机的，而是基于复杂的推理和一定的研究发现的。培养这些技能是学生做好升学和就业准备的必要条件。请使用表5.1中的模板来指导学生提出建议。

　　提出建议的过程不必冗长与烦琐。作为团队成员，学生之间通力合作（也可以是独立探究），根据研究发现提出两个或多个一般性建议。表5.1中针对每一类都给出了几个示例语句（建议、证据和好处）。重要的是，要让学生参与进来，开展有关建议、证据和好处的讨论。如果教学对象是小学生，教师可以在全班进行头脑风暴，经过集体讨论提出建议，然后从中选出最好的两条建议。本书提供了船舶营运单元的建议样例，以帮助教师进行计划。

　　请注意表5.2中建议的简明扼要。学生必须知道，他们提出的建议应与学习主题相关，且需要简短而有力。总的来说，提出建议有助于学生了解通过使用事实证据和研究发现来证实主张的重要性。这种做法可帮助学生为研究论文、课程论文和大学写作做好准备。学生需要得到更多机会练习这些技能。

练习与实践

　　为自己的学习主题列一个建议清单，然后选定一个受众，可以从前文给出的列表中进行选择，或者自己想一个。强烈建议使用表5.2中的样例来指引思考和计划。由于未对所研究的课题做过研究，因此，你可能并没有发现事实证据。但是你仍可以思考什么类型的证据可支持提出的建议。

　　虽然提建议很简单，但是教师仍然可以选择对其进行拓展。例如，教师可以让学生给他们的目标读者写一封正式信函。这完全取决于教师本人。但是请记住，提建议的目的是培养学生基于证据的思维、批判性的思考和围绕学习主题解决问题的能力。

表5.1 建议模板

"+1"教学法的建议
学习主题：   受众：
建议1：   调查/研究的证据：   好处：
建议2：   调查/研究的证据：   好处：

表5.2 "+1"教学法单元的建议示例

"+1"教学法的建议
学习主题：船舶营运 **受众**：美国港务局协会 **建议1**： 为了减少港口的污染，我的小组强烈建议美国港务局协会资助研究"零排放"船舶的项目。如果我们能制造出靠电池驱动的汽车，那么或许我们也可以制造出靠电池驱动的船舶。 **调查/研究的证据**： 根据我们的研究统计显示，40%的港口污染是由船舶排放造成的。另一个数据来源表明，船舶排放的污染物比火车和卡车的排放毒性更强。 **好处**：我们小组一致赞同认为，如果减少港口污染，我们会有更清洁的空气。对成人和学生来说，这意味着呼吸问题将减少，同时由于空气污染导致的肺癌患者的人数也会减少。

"+1"教学法学习主题：_____

"+1"教学法的建议
学习主题： **受众**：
建议1： **调查/研究的证据**： **好处**：

[续表]

"+1"教学法的建议
建议2：
调查/研究的证据：
好处：

> 思考　提问　转化应用
>
> 思考一下你收到或提出的各种改进建议。这些建议是基于证据还是基于研究？为什么在提建议时需要考虑受众？如何将有关项目式建议的知识转化应用到你所在的地区、学校或课堂？

学生通过演讲对项目成果进行展示

在大多数的工作和职业所需的基本技能中，口语表达排名前十。因此，学生必须善于有效沟通。最出色的沟通者面对不同的受众始终拥有很强的说服力和表达力。请注意，这里所提到的是同时具备说服力和表达力两种能力。有些学生在演讲中会使用具有说服力的语言，但是缺乏有效表达信息的技巧，反之，学生可能演讲很棒，但是缺乏有效说服受众的技巧。说服和表达的技巧对于实施"+1"教学法项目，以及为学生做好升学和就业的准备都是极为关键的。这些技巧具有跨学科性，并适用于多个领域。大学教授迟早会不可避免地要求学生在某一时间进行表达。因此，学生越早培养自己的说服能力和表达能力越好。然而，培养学生的说服能力和表达能力需要大量的练习。在学生练习之前，他们需要知道说服和表达的标准是什么。教师可以使用下面的标准和工具来指导学生的演讲。

表5.3提出了展示信息时提出论点或表达观点和方案的必要标准。就演讲者的精神（ethos）、共鸣（pathos）和理性（logos）这三个方面（简称EPL）而言，即便学生年龄再小，他们也可以学习修辞手法——只要向他们展示他们想要的东西的诱人广告，同时注意一下他们的反应。修辞学在升学和职业准备的听说锚定标准3中也有提及，该标准指出"评价说话者的观点、论证及论据和修辞的使用"。表5.3与本标准的要求相一致。如需获得一个通过广告讲授精神、共鸣和理性这三个方面的用户友好视频，可访问以下链接（请区分大小写）：http://bit.ly/ETHOSPATHOSLOGOS。

学生可以通过一种叫作PechaKucha的策略来练习说服和表达技巧。2003年，来自东京的两位建筑师提出了PechaKucha这种演讲风格，PechaKucha这个词是日语，英文翻译为"chit chat（聊天）"。PechaKucha演讲使用PowerPoint和Prezi等演示文稿软件，其结构旨在使演讲简洁、具有创新性和吸引力。一次PechaKucha演讲包括：

- 20张幻灯片——每张幻灯片的播放时间仅为20秒。
- 幻灯片每20秒就自动跳到下一张。
- 演讲总时长为6分40秒。

学生可以为他们的学习主题设计PechaKucha的演讲。请参考表5.3展示的演讲中需包含的内容。如果学生设计了PechaKucha展示，教师需要鼓励学生运用学习活动、调查和研究以及文稿中获取的材料。PechaKucha的主要目的是让演讲者做到三件事：

1）考虑话题中最重要的内容；

表5.3 说服和表达的标准

说服	表达
运用亚里士多德的修辞手法——精神、共鸣和理性（EPL）——以有效地说服受众。EPL可以帮助你说服受众接受你的观点。 **精神**（可信度）： 给出大量证据来说服受众。证据可增加演讲的可信度，包括研究、调查、专家意见、引用、表格或图表。有关可信度的更多信息，请参阅可信度四步法策略。 **共鸣**（情感）： 在演讲中，通过使用故事、图片、图像或音乐来打动受众，抓住受众的注意力。思考电影、商业广告和广告宣传是如何使用这些手段来说服他们的受众的。 **理性**（逻辑）： 通过信息的一致性和清晰性，运用逻辑和推理来说服受众。 统计数据或数字、令人信服的事实以及证据的有效性往往会说服受众，使他们信服。	在做演讲时——考虑"PEACES"六个方面——声音传送（projection）、眼神交流（eye contact）、着装（attire）、自信（confidence）、吸引力（engagement）和简洁（succinctness）。 **声音传送：** 确保受众能听到你的声音。你需要让房间的各个角落都能听到你的声音。 **眼神交流：** 注视你的受众。如果这让你感到紧张，那么请把注意力集中在房间里与你的眼睛水平高度相当的物体上（壁柜、墙上的海报、窗户等）。 **着装：** 穿着得体并专业。如果你穿的是制服，请确保其干净整洁。 **自信：** 相信你在该话题具有专业知识。让自己放松并保持冷静。你可以搞定！ **吸引力：** 确保你的演讲引人入胜、精彩有趣。可整合视频、音乐、动作或其他视觉资料。 **简洁：** 合理安排时间并组织演讲内容。在规定的时间内，简洁地表达你的观点。调整你的演讲节奏，使其言简意赅。

2）想出最好表达观点的视觉方法；

3）找出最具互动性的材料展示方式。

这些指导原则可以帮助学生从其研究中获取最相关的信息。PechaKucha

所遵循的理念就是"多即是少，少即是多"，请访问http://www.pechakucha.org获取示例。

展示的一个重要方面就是展示学生所知的有关学习主题的内容。学生需要在对自己的课题进行了仔细的研究和认真的调查之后将信息展示给受众。展示要求学生在整个"+1"教学法过程中对其所学的内容负责。学生可以通过四种不同的项目展示类型来展示他们的知识，这四种展示形式分

表5.4　PechaKucha的组织模板

"+1"教学法学习主题：_____				
（每张幻灯片显示20秒钟的时间，使用PowerPoint、Prezi、Google演示文稿或其他演示文稿）				
幻灯片1	幻灯片2	幻灯片3	幻灯片4	幻灯片5
幻灯片6	幻灯片7	幻灯片8	幻灯片9	幻灯片10
幻灯片11	幻灯片12	幻灯片13	幻灯片14	幻灯片15
幻灯片16	幻灯片17	幻灯片18	幻灯片19	幻灯片20

注意：幻灯片可以包括图片、图像、符号、图表、曲线图、统计数据、史料或引文。如果幻灯片里有文字，请尽可能简短。你的目标是用6分40秒说服受众接受你的观点。演示文稿中的图片越多，效果就越好。

别是肢体、口头、视觉和书面。每种展示类型都有不同的呈现方式。

请注意，在表5.5中列出的一些项目特性有所重复。例如，一个剧本既需要口头表达又需要肢体表达，PowerPoint/Prezi/Google演示文稿既包含需要口头表达的内容又包含视觉资料。项目展示是可以具有重叠性的。

鼓励教师在表5.5中添加更多的项目。创建此表是为了帮助学生（和教师）对他们的项目展示进行计划。

展示可以让学生具有创造力，让学生在向他人讲解所研究的课题时运用自己的想象力。学生还会通过精神、共鸣、理性掌握说服的艺术，通过声音传送、眼神交流、着装、自信、吸引力、简洁掌握表达的艺术。这些技能的掌握具有永久性和可转移性，可以从一个班级带到另一个班级，

表5.5 项目展示类型的示例

项目展示类型
肢体： 音乐演奏、戏剧或小品、实验、游戏、舞蹈、建模
口头： 辩论、PowerPoint/Prezi/Google演示文稿、演讲、诗歌、网络研讨会
视觉： 网站、海报或插图、视频或短片、概念图、PechaKucha、拼贴画
书面： 报告、简报、资料手册或宣传手册、剧本或短篇故事、博客、传记

从一个年级带到另一个年级，从一门学科带到另一门学科，最重要的是，从上学阶段带到事业阶段。如果希望学生在说服和表达方面表现出色，我们需要为他们提供更多的学习机会来实现这些所期待的目标。

表5.6突出显示了项目展示的基本元素和样本，二者均可证明学生掌握了船舶营运或任何学习主题。请记住，让学生选择自己感兴趣的主题，可以提高学生的学习动力和兴趣。学生应该对展示他们的项目充满热情，让学生选择一种项目展示类型，就是尊重他们的自主权。一旦学生选择了他们想做的项目展示类型，他们就会整合前面部分所学的内容——标准、大概念、普适性概念、关键问题、项目目标、针对性探究、学习活动、研究/调查和提出建议。学生将在展示中运用大量的数据。请注意，可能没有足够的时间让所有小组在展示日当天全都进行展示。为了最大限度地利用时间，教师可以让学生小组互相展示，而不是向整个班级做展示。当然，还是需要由教师自己来判断并决定所采用的形式。如果教学对象是小学生，那么教师本人可能才是展示者。在这种情况下，你仍然可以混合使用两种或多种项目展示类型，让学生接触不同的展示信息的方式。请访问以下链接（请区分大小写，"Z"之前的是字母"O"，而**不是**数字"0"）或扫描二维码，即可获得关于船舶营运的谷歌演示文稿示例：

https://goo.gl/OZMeeX

练习与实践

这一次，请认真思考如何让学生在演讲中练习使用精神、共鸣、理性和声音传送、眼神交流、着装、自信、吸引力、简洁。教师可以借用

表5.6 "+1"教学法单元的项目展示标准和思路的示例

项目展示
说服： 精神（可信度）、共鸣（情感）、理性（逻辑） **表达：** PEACES（声音传送、眼神交流、着装、自信、吸引力、简洁） 项目展示的可选项 ⬇ **肢体：** ● 音乐演奏 ● 戏剧或小品 ● 实验 ● 棋盘游戏 **口头：** ● 小组讨论或辩论 ● 录像 ● PowerPoint/Prezi/Google演示文稿 ● 讲座 **视觉：** ● 网站 ● 海报或插图 ● 视频或短片 ● 流程图或概念图 **书面：** ● 报告 ● 简报 ● 资料手册或宣传手册 ● 剧本或短篇故事

前面所讲的有关说服和表达的内容（例如，广告视频、PechaKucha、船舶营运谷歌演示文稿）。鉴于学生可以运用各种方式展示他们的知识，那么当和学生一起探索时，你可能对什么样的项目展示类型感兴趣？请借此机会整理你的想法，帮助学生为有效沟通做准备。请在空白处写下你的想法。

此刻，在"+1"教学法之旅中，教师应该意识到，还有不同的方法培养学生进行合适有效的沟通的能力。口头的沟通技巧也曾在"升学和就业准备的锚定标准"中被提及。例如，听说锚定标准4提出："提供信息、

"+1"教学法学习主题：_____

演讲标准
说服（精神、共鸣、理性）：
表达（声音传送、眼神交流、着装、自信、吸引力、简洁）：

项目展示类型	
肢体：	口头：
视觉：	书面：

调查结果，以及支持性证据，使听者可以理解推理的思路、语篇的组织和发展，并且语体风格符合任务、目标和受众的要求。"PechaKuchas策略、EPL策略（即精神、共鸣、理性的策略）和PEACES策略（即声音传送、眼神交流、着装、自信、吸引力、简洁的策略）符合这一标准，它们的设计目的就是为了达到这一要求。或许教师仍然想知道如何对学生做的演讲和该体系的其他方面进行分级评分；对学生的评分标准和分级评分将在下一节的写作评估中阐述，我们就快接近旅程的终点了！

思考　提问　转化应用

思考一下你参加过的演讲和/或公开讲话的时刻（除了教学！）。你参考了什么标准准备演讲？"拥有说服力和表达力"有什么好处？如何将有关PechaKuchas、EPL和PEACES的知识转化应用到你所在的地区、学校或课堂？

要点7：写作评估、反思与承诺

对许多学生（和成人）来说，写作是一项具有挑战性的任务。总的来说，如果让学生对自己最喜欢的十项学校活动进行排名，我猜写作会排在最后面（或者甚至都不能列在名单上）。对于中学生来说，尤其如此。提高写作技巧的最好方法是不断练习，各个学科都应该给学生布置写作任务。美国作家埃德加·劳伦斯·多克托罗很好地总结了这一点："计划写作不是写作。列提纲、进行调查研究和向别人谈论你正做的事情也不是写作。写作就是写作。"换句话说，人们只有实际地进行写作，才能实际练习写作。

学生基于研究发现完成写作任务

写作评估对"+1"教学法的实施过程至关重要。如果想要真正帮助学生做好升学和就业的准备，就需要让他们在多种情境中练习写作。在大学里，无论课程内容如何，大部分的任务都涉及写作。大学课程会至少要求学生写一份研究报告和期末论文。许多课程要求在一个学期或一个季度内完成多项写作任务。另外，"智慧平衡评估联盟"和"为升学和就业做准备的评估联盟"这两个评估体系都包含了（针对于英语语言文学和数学的）建构性写作和分析性论文。除了英语语言文学写作标准外，还有专门针对历史/社会研究、科学和技术学科的共同核心素养标准。该素养标准强调议论文和说明文写作的重要性，重点关注写作中关键思想和细节、写作技巧和结构，以及专业学科知识整合的教授。这些标准还涉及组织思想、资料来源、逻辑推理、陈述和反驳观点、从文中获得论据、分析和开展调查。数学同样也有写作要求。共同核心课程标准要求学生运用写作来解释数学概念并支持自己的推理。因此，写作教学不再是语言教师一个人的责任，而是每位教师共同的责任。如果我们期望学生能够具备写作技能，写作就必须贯穿于学校学习的每一天。这意味着教师需要提供更多的跨学科的写作机会，而"+1"教学法正是实现这一目标的重要途径之一。

除了基于论据的写作活动之外，教师最终决定"+1"教学法的写作评估的结构。教师可以根据学生的写作水平，决定是围绕给出提示写一篇论文还是开展拓展性的写作活动来进行写作评估。这个写作评估的标准完全取决于你自己，但是不做写作评估是不行的。学生必须理解写作的目的，并对写作树立积极的态度。只要学生在学校上学，写作就应该是常态而非例外。培养学生像学者一样写作的能力，必然会帮助他们培养像学者一样思考和交流的能力。

注意，表5.7中的写作任务非常简单，容易理解应用。因为这是写作活动的终极目标，学生将从他们的学习活动、调查研究、建议和展示中获得大量的数据。我们强烈建议学生在参加写作评估时参考他们的日常笔记。写作评估不是一个"你追我逃"的游戏。教师只是通过写作活动衡量判断每名学生在"+1"教学法中的学习体验。而结果可能会显示，即使同一个小组的学生也会对所研究的课题持有不同的看法。一个学生认为重要的事情，对于另一个学生来说可能未必如此。请记住，表5.7只是我给出的写作评估提示的示例。只要学生们可以用他们的研究论据来证明他们的答案，教师就可以定制自己的写作评估，涵盖自己认为与学生有关的内容。船舶营运的写作评估示例如表5.8所示。

你会注意到表5.8中的写作评估示例尚有修改和改进的余地。教师可以与学生一起仔细研究表5.8，共同改动必要之处。学生可以突出强调重要发现、证据、变化、引文和写作规范，还可以为这些主题中的每一个主题创建小型课程。小学教师可以选择让学生画图解释他们的推理，而中学教师可能更愿意采用论文的形式。教师还可以让小学生完成一篇填空式作文，在其中插入与学习主题相关的单词。由于很多学生刚刚开始学习如何

表5.7　"+1"教学法单元的写作评估示例

写作评估

学生将写一篇关于他们学习主题的小论文。他们将回答以下问题：
1. 为什么该主题对研究很重要（请参考普适性概念和关键问题）？
2. 你研究的三个主要发现是什么？
3. 每个发现的意义是什么？请运用你的研究证据支持你的发现。

写作评估提示：
- ✓ 论文遵循评价准则中的标准
- ✓ 论文包括开头、中间和结尾
- ✓ 论文紧扣主题
- ✓ 需包括参考文献

表5.8 船舶营运的写作评估示例

船舶营运的写作评估示例

　　船舶营运活动遍布世界各地。我们需要船舶来运输我们的食物、衣服以及数字设备。在过去的一个月里,我了解了船舶营运的目的和作用。我从网上收集信息,到港口实地考察,还收集了很多视频。这个话题很重要,因为我们需要知道我们所使用的商品和生活必需品来自哪里。我们还需要知道贸易和技术是如何影响船舶营运的。

　　我研究中的一个重要发现是贸易和港口使美国连接着世界。根据美国港务局协会(AAPA)发布的信息,"每天都有成千上万的集装箱从世界各地运抵美国港口"(AAPA,2015)。这些集装箱里的物品包罗万象,从泰国的家具到中国的鞋子,应有尽有。这意味着我们家里和周围环境中的物品可以在其他地方生产和制造出来。这让我想知道到底有多少东西是在美国生产制造的。美国港务局协会提供的另一个重要事实是,爱荷华州农民种植的食物可以到达俄罗斯和日本家庭的餐桌。这些只是船舶把我们与世界相连接的一部分方法。

　　我从研究中得知,海洋运输正在发生重大的技术变化,它们影响着港口和船舶服务。在《竞争世界中的港口演变发展》一文中,我了解到,"海洋运输业正在使用越来越先进的物流管理信息技术"(PPIAF,2015)。这些新技术将要求航运公司支付更多的钱,只有这样,他们才能赶上其他人的脚步。船只也是越造越大,这将花费更多的钱来制造大船。所有这些都是贸易的成本和收益。

　　我的另一个重要发现是世界前100港口。根据www.worldshipping.org(2015),中国上海是世界第一大港口,有着世界最多的货运量和集装箱运输量。换言之,往返于该港口的货物比世界上任何港口都要多。这些关于中国港口的事实意味着他们要雇用很多人,但是也意味着他们要花很多钱来管理港口。这也意味着系统化的工作需要许多相互依赖的协助。

　　我强烈建议人们研究社会中影响我们日常生活的事情,比如船舶营运。我学到了很多关于货船、贸易、港口和技术方面的知识。最重要的是,我了解到技术进步可以促进产量的提高,这意味着由于技术的发展,更多的事情可以以更快的速度完成。在这次研究过程中,我感觉自己变得更聪明了,我迫不及待地想和我的家人和朋友分享我学到的知识。我已经在考虑下一个学习主题了。

参考文献:

　　AAPA, 2015. *From Here to There: Supply Chain Security to the Port of Tacoma*. Retrieved from http://aapa.files.cms-plus.com/PDFs/supply_chain_security_example.pdf?navItem Number=1100

　　PPIAF, 2015. *The Evolution of Ports in a Competitive World*. Retrieved from http://www. ppiaf.org/sites/ppiaf.org/files/documents/toolkits/Portoolkit/Toolkit/module2/port_dynamics.html

　　AAPA, 2012. *World Port Rankings (Top 100)*. Retrieved from http://aapa.files.cms-plus. com/Statistics/WORLD%20PORT%20RANKINGS%202012.pdf

　　World Shipping, 2015. Ports. Retrieved from http://www.worldshipping.org/about-the- industry/global-trade/ports

写作，这个方法可能也是一种更可行的写作评估方法。填空式作文的设计如表5.9所示。

表5.9使用了语句开头引导和语句填空作为辅助手段，帮助学生完成回答。由于学生的写作水平不同，一些学生可以根据示例仿写句子，一些学生可以使用填空插入单词完成句子，而另一些学生可以自己进行独立

表5.9 船舶营运的填空式作文示例

填空式作文
开头：我们了解了_____。船舶运载_____。
发现1：有_____（不同、许多、很多、各种）的船舶。
证据：两种船舶分别是_____和_____。
发现2：它们运载的物品是_____和_____。
证据：_____来自_____和_____来自_____。
发现3：船舶用大的集装箱装运_____（用品、食物、原料、物品、衣服等）。
证据：我们看到港口集装箱的_____（图片、视频、网站等）。
结论：船舶很重要，因为_____。
完成的作文
我们了解了船舶营运。船舶运载的是我们使用的重要物品。 有各种各样的船舶。两种船舶分别是油轮和货船。 它们运载的物品是汽车和玩具。丰田汽车来自日本，我的玩具（如洋娃娃或玩具卡车）来自中国。 船舶用大的集装箱装运东西。我们看到港口集装箱的照片。 船舶很重要，因为……（学生个人或团队给出答案）
参考文献： 写作或画图——图片、网站、互联网、视频、实地考察、图书馆、书籍、演讲等。

表5.10 船舶营运的写作评估示例（小学）

姓名：艾娃·奥斯本　日期：＿＿＿

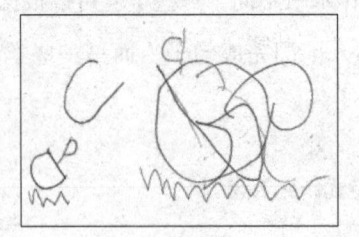

我们了解了船舶营运
船舶运载的是我们使用的
重要物品

姓名：艾娃·奥斯本　日期：＿＿＿

有各种各样的船舶。
两种船舶分别是货船
和我的小船。
它们运载的物品是
食物和人。
丰田汽车来自日本，
玩具来自中国

姓名：艾娃·奥斯本　日期：＿＿＿

船舶用大的集装箱
装运东西。
我们看到港口集装箱的照片。
船舶很重要，
因为它们帮助我们。

参考文献：

写作。

为了进一步构建写作评估，学生可以使用以下句子框架：

- 本主题意义重大，因为……
- 文章/网站/视频中的一个例子是……
- 研究表明……
- 我们的研究表明……
- 根据_____，……
- 文章/网站/视频的另一个例子是……
- 我们发现的一个重要证据是……
- 从统计数据来看，……

有关更多的句子开头和框架，请访问以下网站：
http://bit.ly/SENTENCEFRAMES。

练习与实践

在参照了表5.7中的示例之后，教师应如何为学生设计写作评估？除了表5.7中的想法或任何其他可能有帮助的想法之外，教师也可以放飞思想，思考学生进行有效的书面沟通可能需要的帮助。这并不需要详细的教案，只需利用这一机会集思广益，为写作评估提出一些想法。请在空白处写下你的想法。

"+1"教学法学习主题：_____

写作评估
可能的写作提示： 1. 2. 写作帮助（如有必要）： 1. 2.

思考　提问　转化应用

思考一下你在高中阶段写过的基于论据的写作作业或研究论文。你的老师是如何在写作过程中帮助你的？让学生进行跨学科写作的目的是什么？如何将写作评估有关的知识转化应用到你所在的地区、学校或课堂？

教师对学生项目进行评分与分级

教师在很大程度上依赖评分系统和评分准则确定学生是否掌握了学习内容、达到了成绩预期。评分考核是教育工作中的一项责任，我们无论如何也无法绕过评分这一环节。幸运的是，许多学校和地区已经投资了数字评分平台，这使得记录作业和计算成绩变得更加容易。开展"+1"教学法的教师需要评分系统衡量学生的成绩并加以应用。建议教师和学生使用"学习日志"，记录与项目相关的所有作业。"学习日志"除了显示成绩之外，功能还很全面，可以帮助教师和学生追踪任务完成情况。"学习日志"

还具有文档记录的功能，教师和学生在整个单元学习中可以随时在日志中添加内容。

"学习日志"示例可能包含的内容如表5.11所示。教师需最终决定"学习日志"的结构和内容。为了提前设定目标，可以在学生开始此项目之前

表5.11 "+1"教学法学习日志

"+1"教学法学习活动和日期	分值	得分	成绩
1. 例：学生日记 日期：2015-05-04	50	40/50	80% = B-
2. 调查 日期：20____-____-____	20	____/20	
3. 年表 日期：20____-____-____	20	____/20	
4. 线上合作 日期：20____-____-____	30	____/30	
5. 小测试 日期：20____-____-____	30	____/30	
6. 选词填空 日期：20____-____-____	50	____/50	
7. 提出建议 日期：20____-____-____	50	____/50	
8. 演讲 日期：20____-____-____	100	____/100	
9. 写作评估 日期：20____-____-____	100	____/100	
10. 反思与承诺 日期：20____-____-____	50	____/50	
学习活动总数=10	总分 =500	总得分 =____/500	总成绩 =

就确定好作业内容和分数。家长也希望能看到自己孩子的"学习日志"，在整个过程中了解自己孩子的作业情况、学习进度和成绩。学习活动的通用评分标准和写作的评分标准也可以帮助教师进行评分。请记住，如有必要，教师可以使用自己的评分系统和评分标准。

表5.12所示的评分标准可采用多种方式进行调整。教师可以决定自己的评分方法，修改描述语言，更好地反映自己的评分标准，或者为每个评分的描述添加更多的细节。表5.12所列的评分标准适用于学习活动和其他作业，但是写作评分的标准需特定地用于写作任务（参见表5.13和表5.14，前者适用于年龄大些的学生，后者适用于较小年龄的学生），明确在写作

表5.12 "+1"教学法通用评分准则

学习活动的通用评分准则
A=45-50分 ● 表现出色、整洁、富有创造性、优秀的作业，拼写无误，无标点错误。作业完整并超出一般标准。 B=40-44分 ● 表现良好、整洁、富有创造性、良好的作业，存在1-2个拼写错误和1-2个标点符号错误。作业完整并达到一般标准。 C=35-39分 ● 表现出一定的努力、达到一般水平的作业，存在至少3个或3个以上的拼写错误以及3个或3个以上的标点符号错误。作业完整并达到一般标准。 D=30-34分 ● 表现出很少的努力，作业水平低于平均水平，存在4个或4个以上的拼写错误，以及4个或4个以上的标点符号错误。作业没有完成，仅部分内容达到一般标准。 E=0分 ● 没有表现出努力、作业水平很差，存在5个或5个以上的拼写错误和5个或5个以上的标点符号错误。作业没有完成，不符合任何一项一般标准。 总分=50分

表5.13 "+1"教学法写作评估准则

写作标准	最低限度 2	部分合格 4	合格 6	典范 8	分值
开头清晰地指出为什么该主题对于研究是非常重要的。	开头与学习主题不相关。	有开头,但是并未清晰地指出为什么该主题对于研究是非常重要的。	有明确指出学习主题重要性的开头。	有吸引力和创新性的开头,明确指出学习主题的重要性。	__/8
研究发现与学习主题相关,并对学习主题具有重要意义。	有研究发现,但是研究发现与学习主题不相关。	有一个与学习主题相关的研究发现。	有两个与学习主题相关并对学习主题很重要的研究发现。	有三个或三个以上与学习主题相关的令人信服和引人入胜的研究发现。	__/8
研究证据支持作者的发现。	研究证据不能支持研究发现。	有支持该研究发现的研究证据。	有具有说服力的、支持两个研究发现的研究证据。	有具有说服力和吸引力的、支持三个或更多研究发现的研究证据。	__/8
学术词汇与学习主题相关,并在论文写作中使用。	有一个与学习主题相关的学术词汇。	有两个与学习主题相关的学术词汇。	有三个与学习主题相关的学术词汇。	有四个或四个以上令人信服和引人入胜的、与学习主题相关的词汇。	__/8

[续表]

写作标准	最低限度 2	部分合格 4	合格 6	典范 8	分值
使用过渡词或短语介绍研究发现、证据,或观点。	使用了一个过渡词或短语。	有两个过渡词或短语引出证据或观点。	有三个过渡词或短语引出证据或观点。	有四个或四个以上的不同过渡词或短语引出证据或观点。	___/8
结论总结该研究的重要性。	结论没有总结该研究的重要性。	给出结论,但是没有总结该研究的重要性。	给出结论,总结了该研究的重要性。	给出令人信服和引人入胜的结论,总结了研究的重要性。	___/8
拼写、标点和语法。	写作中有太多处错误,书写不清晰。	写作中有五到六处错误。	写作中有三到四处错误。	写作中有一两处少量错误。	___/8
参考文献(书籍、文章、网站、视频等)。	有一处引用。	有两处引用。	有三处引用。	有四处或四处以上的引用。	___/8
					___/64

学生:_____ 主题:_____ 日期:_____ 总分:_____
　　　　　　　　　　　　　　　　　　　　　　　　　　　　 得分:_____

196

第五章 通过"+1"教学法评估项目式学习

图5.14. K-2的"+1"教学法写作评估准则

写作标准	向目标出发 2	更加接近目标 4	成功达到目标 6	分值
引导句	有引导句。	引导句支持研究的主题。	引导句清晰地表达了学习主题的重要性。	___/6
研究发现	有一个支持学习主题的研究发现。	有两个支持学习主题的研究发现。	有三个或三个以上支持学习主题的研究发现。	___/6
证据	有一个支持研究发现的证据。	有两个支持研究发现的证据。	有三个或三个以上支持研究发现的证据。	___/6
词汇	有一个与学习主题相关的词汇。	有两个与学习主题相关的词汇。	有三个或三个以上与学习主题相关的词汇。	___/6
过渡（根据需求相应地使用）	有支持证据和一个观点的一个过渡。	有支持证据和多个观点的一个过渡。	有两个或两个以上的过渡支持证据和多个观点。	___/6
结论	有结论。	结论句总结了学习到的内容。	结论句总结了学习到的内容并包含了更多的信息。	___/6
拼写和标点	有拼写错误，没有使用大写字母和句号。	有一些拼写错误，但使用了一些大写字母和句号。	几乎没有拼写错误，使用了大写字母和句号。	___/6
参考文献（图片、网站、文章）	有一处引用。	有两处引用。	有三处或三处以上的引用。	___/6
			总分：___/48	
			得分：	

学生： 主题： 日期：

197

评估中期望学生知道和做到的事情。需注意，表5.13的评分分数是2分、4分、6分和8分，而不是1分、2分、3分和4分。因为1-4分的写作评分模式对处于"中间"水平的学生评分不太灵活。而如果采用2-8分的评分模式，教师对于写作介于4-6分之间的学生就可以给5分。同样，针对较小年龄学生的（K-2，幼儿园至二年级）评分分数是2分、4分和6分，这给了教师们更多的余地，为处于中间分数（即1分、3分、5分、7分）的学生进行评分。在升入下一年级之前，建议K-2教师以上一年级为基础开始新学年。但是，如果教师发现学生具备使用全部三个年级的标准来进行评价的能力，就可以使用完整的评价标准。

乍一看，表5.13和表5.14可能会让人难以应对，对于非语言学科的老师尤为如此。不过，有一个预期目标清晰完整的评价标准总比使用缺少要素的标准好。这样总有修改和调整标准，使之适合自己课堂实际情况的空间存在。我设计这一标准的目标就是为教师和学生提供指导下一步行动的具体模式。此外，学生在写作时有写作标准可参考是极其重要的，这有助于教师确保学生在进行写作时可以纳入标准所需的全部写作要素。

使用写作标准清单的目的是保证学生在给定的写作任务中纳入必要的写作要素。学生在提交终稿前，应当完成此清单上所列的全部内容。我建议教师与学生在布置写作作业之前一起仔细阅读这份清单。这样，在写作评估前，教师就可以处理并解释学生提出的问题、意见或顾虑。教师可能会发现一些学生需要额外的写作评估"脚手架"。如前文所述，写作是很难的，对某些学生来说，可能更加具有挑战性；但是知识导图和句首提示词均可减轻学生在写作评估过程中的焦虑，教师提供的示范也可以帮助学生进行写作。卡尔金斯、霍恩和吉列提出的"盒子和子弹"策略（the Boxes and Bullets strategy），与过渡性词语和句首提示词是在写作评估中帮助学生的两个"脚手架"。虽然"盒子和子弹"策略有很多变体，但是该

第五章 通过"+1"教学法评估项目式学习

表5.15 K–2写作评估准则

学生：_____ 主题：_____ 日期：_____

	是/文章中出现的原话	否
1. 开头是否清楚地表达了该主题的重要性？		
2. 是否有两个或两个以上与学习主题相关并对学习主题很重要的研究发现？		
3. 是否有支持研究发现的证据？		
4. 是否使用了三个或三个以上与学习主题相关的学术词汇？		
5. 是否使用了三个或三个以上的过渡词或短语，以引出证据或观点？		
6. 是否得出结论，总结了研究的重要性？		
7. 是否检查过拼写、标点和语法错误？		
8. 是否从书籍、文章、网站或视频中引用过三处或三处以上的参考资料？		

199

策略可以用于导入写作活动和引用证据。根据我过去运用该策略的经验，学生很容易复制其中的方法。下面提供了两种"脚手架"的示例。

在"+1"教学法的实施过程中，项目展示准则对于预期的设定也是至关重要的。这一跨学科的评价标准强调了构成有效展示的重要因素。教师需要注意到，回顾之前的展示评价标准是很重要的，这可以让学生知道需准备的内容和准备方法。学生只有在布置作业之前和完成作业的过程中清楚地知道预期，才更有可能在该任务中表现出色。教师可以选择使用本书提供的演讲标准，或制定自己的演讲标准。演讲标准分为三级——起步、提升、精通——每一级有其相应的数字（2、4或6）。这些数字可帮助教师灵活评分。

例如，教师可能会发现一个学生团队能够非常熟练地与观众进行眼神

表5.16 "盒子和子弹"策略

引导（指出该学习主题的重要性）：
• 研究发现1： • 证据：
• 研究发现2： • 证据：
• 研究发现3： • 证据：
结论（使用不同的表达重申该研究的重要性）：

第五章 通过"+1"教学法评估项目式学习

表5.17 过渡性词语和句首提示词

论证	补充	总结
例如,（For example,）	此外,（In addition,）	最后,（Finally,）
例如,（For instance,）	再者,（Furthermore,）	最后,（Lastly,）
为说明,（To illustrate,）	而且,（Moreover,）	总之,（In conclusion,）
换句话说,（In other words,）	另外,（Besides,）	总之,（In summary,）
例如,（As an illustration,）	另一个原因是,（Another reason for _____,）	如你所见,（As you can see,）
尤其是,（In particular,）	因此,（Therefore,）	总而言之,（Overall,）
具体来说,（Specifically,）	同样地,（Likewise,）	
也就是说,（Namely,）	同样地,（Similarly,）	
根据_____,（According to _____,）	事实上,（In fact,）	
为了支持这项调查,（To support this finding,）	同理,（In the same way,）	
研究表明……（Research indicates that…）	基于此,（With this purpose in mind,）	
从统计数据来看,（Statistically,）		

201

表5.18 "+1"教学法项目展示准则

演讲标准	起步 2	提升 4	精通 6	分值
演讲**有组织的**。材料和技术准备就绪。团队成员知道他们的各自的任务。	几乎未对演讲进行组织,材料未准备就绪,团队成员对自己的任务感到迷惑。	在一定程度上对演讲进行了组织,准备了材料,团队成员了解自己的任务。	演讲和材料进行了创新性的组织,团队成员出色地完成任务。	___/6
演讲具**有精神**(可信度):由研究、调查、专家意见、引用、记录表等进行论证。	几乎没有实例论证该项目的可信度。	演讲有三个实例,论证了该项目的可信度。	演讲有四个或四个以上有说服力的实例,论证该项目的可信度。	___/6
演讲**可引发共鸣**(情感):使用故事、图片、音乐或问题来引发受众的情绪。	演讲很少有吸引受众、调动受众情绪的地方。	演讲有三处吸引受众、调动受众情绪的地方。	演讲有四处或四处以上吸引受众、调动受众情绪的地方。	___/6
演讲**当有理性**(逻辑):通过信息的一致性和清晰性,以及证据的有效性进行论证。	演讲没有逻辑性,而且表达不得体。	演讲有逻辑性,但是信息表达不太清楚。	演讲有逻辑性并且信息表述清楚。	___/6
声音传送:房间的各个角落都能听到演讲者的声音。	不是都能听到所有演讲者讲话。	虽然可以听到所有演讲者讲话,但是并不是整个演讲过程中都能听得很清楚。	整个房间自始至终都能听清所有演讲者讲话。	___/6

第五章 通过"+1"教学法评估项目式学习

[续表]

演讲标准	起步 2	提升 4	精通 6	分值
眼神交流： 在整个演讲过程中，演讲者注视观众。	不是所有演讲者都有眼神的交流。	虽然演讲者有眼神的交流，但是在整个演讲过程中没有始终地保持眼神的交流。	在整个演讲的过程中，演讲者自始至终保持眼神的交流。	___/6
着装： 演讲者穿着得体并职业。	不是所有演讲者都穿着得体。	演讲者穿着得体并职业。	演讲者穿着得体、职业和新颖。着装符合或反映了学习主题。	___/6
自信： 演讲者是该学习主题的专家，面对受众从容不迫并保持冷静。	不是所有演讲者都对内容感到从容不迫。	演讲者是该学习主题的专家，但是面对受众时会感觉拘谨不安。	演讲者是该学习主题的专家，面对受众从容不迫并保持冷静。	___/6
吸引力： 演讲者可以抓住受众的注意力。	演讲者不能够抓住全部受众的注意力。	演讲者可以抓住受众的注意力，但并非在整个演讲的过程中自始至终地抓住受众的注意力。	在整个演讲的过程中，演讲者自始至终抓住受众的注意力。	___/6
简洁： 演讲简明扼要，合理安排进度和时间。	不是所有演讲者都能把握好时间，进度没有调整好，演讲要么太长，要么太短。	演讲简明扼要，但是整个进度并不一致，有些部分讲得过快，而其他部分讲得过慢。	演讲简明扼要，进度始终如一，并且时时间安排合理。	___/6 总分：___/60

203

表5.19a K-2的"+1"教学法项目展示准则

演讲标准	起步 2	提升 4	精通 6	分值
组织性	团队基本准备好了。	准备好了材料,但是团队没有做好准备;或者团队做好了准备,但是材料没有准备好。	演讲简洁、有趣,并且有创意。准备了材料,团队的所有人都做好了准备。	___/6
精神(可信度)	没有足够的事实支持演讲。	演讲有两个事实(引用、图片等)与受众分享。	演讲有三个或三个以上的事实(引用、图片、表等)帮助受众理解。	___/6
共鸣(情感)	不足以吸引受众。	演讲有两个内容(故事、音乐、问题等)吸引受众,让他们产生兴趣。	演讲有三个或三个以上的内容(故事、音乐、问题等)吸引受众,让他们产生兴趣。	___/6
理性(逻辑)	演讲失去秩序。	演讲安排比较合理。事实、图片、故事具有一定的说服力,但是顺序不合理。	演讲安排合理。事实、图片、故事顺序合理,具有说服力。	___/6
			总分值:	___/24

注意:虽然大概念、普适性概念、关键问题和项目目标并未在评价标准中明确提出,但是学生在其演讲中仍可以使用这些要素。

204

第五章 通过"+1"教学法评估项目式学习

表5.19b K-2的"+1"教学法项目展示准则

演讲标准	起步 2	提升 4	精通 6	分值
声音传送	不是全程听到所有演讲者讲话。	可以听到演讲者的声音,但在演讲的整个过程中不是都能听得很清楚。	在整个演讲过程中,整个房间的各个角落都能听清演讲者讲话。	___/6
眼神交流	不是所有演讲者都有眼神的交流。	虽然演讲者有眼神的交流,但是在整个演讲过程中没有自始至终地保持眼神交流。	在整个演讲的过程中,演讲者与受众保持眼神交流。	___/6
着装	不是所有演讲者着装得体。	演讲者穿着得体。	演讲者穿着得体、新颖(学生团队成员穿着相似颜色的服装或尝试着装符合其项目的主题)。	___/6
自信	不是所有演讲者对内容感到从容不迫。	演讲者虽然参与其中,但面对受众时会感觉拘谨不安。	演讲者面对受众从容不迫并了解其主题。	___/6
吸引力	演讲者不能够抓住全部受众对该主题的注意力。	演讲者可以抓住受众的注意力,并非在整个演讲的过程中都能吸引受众的注意力。	在整个演讲的过程中,演讲者通过创新(学生团队可以与受众分享或向受众提问)抓住受众的注意力。	___/6
简洁	演讲要么太长,要么太短。演讲安排不合理。	演讲安排合理,但是一些部分过长一些部分过短。	演讲安排合理,并且时间把握得很好。	___/6
				总分值:___/36

205

交流，但却有所欠缺。在这种情况下，你可以给他们打5分而不是6分。灵活处理分数可防止教师在评分时受限，同样也适用于写作评估标准。本书为小学教师提供一个修订过的表达标准。请注意，虽然评价标准中并未明确提出大概念、普适性概念、关键问题和项目目标，但是学生在其演讲中仍可以使用这些要素。教师应当将评价标准作为提前预测期望和评价实践的工具。

学生对项目进行反思，并做出承诺

反思与承诺是引导学生（和成人）进行批判性思维的另一种方式。为了让学生对项目进行有目的的反思，反思必须包括三方面：

1. 行为中的反思：在行为过程中，进行反思

2. 行为后的反思：行为完成之后，进行反思

3. 对未来行为的反思：为未来将进行的行为，进行指导性反思

在这里，"行为"可代表学生项目。"+1"教学法的最后阶段主要集中在行动2和行动3上。学生在"行为中"进行的反思发生在学习活动（例如，日记和网络对话/协作）的过程中和由学生或老师激发的元认知时刻（例如，"在做这个项目时，我学到了什么？"）。为此，教师应要求学生在项目完成之后反思他们学到的内容，并对未来的行为进行承诺。教师应在学校为学生示范反思性思维，为学生提供深入思考的机会，要求他们反思更深层次的问题。这一"反思—行动"模型可以让学生学会如何进行高水平的反思。这样的"反思性行为"可作为"+1"教学法实施结束前对学生的最终要求，教师也可以运用"反思—行动"模型衡量他们给学生所提供的帮助是否有效。

有几种可以处理反思与承诺中要素的方法。以下的活动都有助于促进反思的过程：

- 通过写作/记日记回答问题。
- 制作个人海报（电子或纸质）。
- 在Padlet、TodaysMeet、谷歌文档、博客、社交媒体等上回复消息。
- 写信给家庭成员、社区成员、教师，或者管理员。
- 在班级海报/表格上，写一篇集体反思与承诺书，并让学生签名。

以上这些想法仅是这套策略中的一部分。教师可以对此进行个性化的设置，以满足课堂上学生的具体要求。在此需要指出的是，这一部分并不会占用大量的教学时间。当学生开始反思与承诺时，就已经表示学生对学习主题有了一定的掌握。为此，强烈建议控制用于该任务的时间。以船舶营运这一单元为例，能引发反思的问题就很少。

表5.20 "+1"教学法单元的反思与承诺示例

反思与承诺
1. "+1"教学法的学习体验是如何加深或提升你对主题的理解的？ 2. 下次面对同一主题时，你会有什么不同的做法？ 3. 你承诺会做什么以拓展该项目，并在你的学校与其他人进行分享？

练习与实践

如前文所述，有许多进行反思与承诺的方法。教师可以集思广益，收集与此相关的想法，可以借用本书的想法或者自己创造，请把想法写在下面的模板上。

"+1"教学法学习主题：_____

反思与承诺
可能的问题、提示或活动：   1.   2.   3.

祝贺你！刚完成了一个单元，只要稍作增减调整，就能马上实施。本书提供了九个单元计划——船舶营运单元、五个跨学科单元和三个职业单元（详见附录B），可用于帮助教师进行计划。我们还有一些部分需要讲解，比如将"+1"教学法实施过程分解为一个20天（或一个月）的周期的日历示例。你可以参考该日历调整自己目前所讲授的单元和将来要讲授的单元的内容。为了便于读者进行参阅，本书针对船舶营运单元创建了一个跨学科表格。该表可以进行调整，以适用于任何学习单元。在第五章结束之前，我们将进行差异化的讨论，然后再回到对21世纪技能的讨论。

思考　提问　转化应用

思考一下你曾经进行过的反思，告知你的做法。反思之后，你所做的承诺是什么？学生为什么要进行反思？如何将有关反思行为（行为期间、行为之后和未来行为）的知识转化应用到你所在的地区、学校或课堂？

表5.22是一个通用日历，可应用于任何的"+1"教学法单元计划。请注意，这一20天的周期始于21世纪技能，然后通过全部七个要点进行展开，其中包含了"+1"教学法的12个基本要素。教师可以使用21世纪技能作为该过程的切入点，重视学生的升学和就业准备。此项工作的目的就是为了提升这些技能。此日历经过精心设计，可用于展示一个完整的、符合"+1"教学法教学体系的单元。此日历示例是可调整的，但是教师仍需要思考如何处理教学体系中全部的12个要素。教师也会注意到，该周期的每一天都会提及技术的应用。因此，我们需再强调一次，如果我们正在帮助学生做好在本国和全球竞争的准备，那么学生需要掌握技术技能。每天都需要有一个规定的时间段训练这些技能，但学校和课堂可以自行规定时间，教师将最终决定教学的最佳时机。请注意，这20天的周期是灵活的，并不意味着所有教师都必须连续安排20天的内容。每个计划日都有指定的空格来记录日期。由于教师的日程安排不尽相同，且会不断地进行调整，所以"+1"教学法可能需要在一个学期或三个月内间隔实施完成。但是，我想提醒教师们，在此周期里不要有太多间隔，因为太多间隔可能会阻碍或减慢学生的进度，这不利于我们保持学生的参与和热情。

在讨论差异化教学之前，我想强调一下船舶营运单元和"+1"教学法一般单元的跨学科特征。跨学科单元有利于学生建立内容之间的相互关联，学生学会了如何将知识、原理或价值观转化应用于多个学科。跨学科单元还可以提升学生的批判性思考能力和在多种情况下解决问题的能力，从而提高学生的思想意识、认知能力和解决问题的能力。这些技能为学生做好了升学和就业的准备，同时也是"+1"教学法的精髓所在。

"+1"教学法项目促进了学科间的联系。如表5.23所示，有许多方法可以应用跨学科的标准和活动，还有一些并未在表中出现。为了实现跨学科学习，教师可以首先根据内容标准进行计划，然后设计符合该标准的学

表5.21 完成的船舶营运单元

教师姓名：　　　　　　　　　　　　　"+1"教学法单元计划——船舶营运　　　　　　　　日期：

大概念	普适性概念	关键问题
运输、船舶营运、货物（进出口）、系统、集装箱港口、技术、贸易、规则、安全、合同、供求关系、劳工/工会。	系统的各部分是互相依赖的。技术提高了生产力。	贸易的成本和收益是多少？如果没有技术，系统能提升吗？

项目目标

学生将识别并描述船舶营运的目的和功能，他们将从互联网、观察（到港口进行实地考察）和视频中收集信息。学生将向他们的同学演示他们的研究发现，撰写一篇关于学习主题的小论文，并对这一过程进行反思。

标准	针对性探究	学习活动	调查（研究）	提出建议	项目展示	写作评估
升学和职业准备锚定标准7：从视觉效果、体量和置词造句等方面整合和评估不同媒体和格式呈现的内容。 写作锚定标准6：运用包括互联网在内的技术来创作和出版作品，并与他人一起互动与合作。	一般问题： 什么类型的交通工具用于运输货物？哪些国家有集装箱港口？ 什么是系统？ 具体问题： 船舶：船舶的具体类型是什么？ 技术：港口船舶上应用了什么类型的技术？	可选择的活动 1）对话和讨论 2）日志[日记]记录[纸质或电子] 3）创建时间表 4）实地考察 5）在线协作[云端硬盘]	文本： 可信的第一手和第二手的信息来源，可使学习主题情境化 可供选择的信息来源 → 因特网 报纸 杂志/文章 期刊 书籍 学校或公共图书馆 视频	如何改进或调整写你的学习主题相关的情况？ 任务： 1）提出两个或多个与学习主题有关的建议 2）运用研究证据支持你的建议 3）解释你的建议的好处	说服： 精神（可信度） 共鸣（情感） 理性（逻辑） 表达： PEACES（即声音传送、眼神交流、着表、自信、吸引力、简洁）	学生将写一篇关于他们学习主题的小论文。他们将回答以下问题： 1. 为什么该主题对研究很重要（请参考适性概念和关键问题）？ 2. 你有哪三个主要发现是什么？ 3. 每个发现的意义是什么？请运用证据支持你的发现。

210

[续表]

				提示：
写作描定标准7：根据重点问题开展短期和长期的研究项目，理解调查的对象。	**货物**：货物的具体种类是什么？美国**进出口**的货物类型是什么？**贸易**：什么是贸易？**拓展问题**：**船舶**：船舶运营服务有什么目的和功能？**技术**：技术是如何影响船舶运营的？	电子邮件、在线协作工具、博客、微博、聊天软件和网络电话[ ]6) 创建博客7) 访谈或调查8) 建模9) 展板10) 辩论11) 苏格拉底式问题研讨法12) 小测验[纸质或电子]	电视电影纪录片图片图表统计数据/数据调查个人账户访谈观察实地考察博物馆科学中心	√论文遵循评价准则中的标准√论文包括开头、中间和结尾√论文紧扣主题√需包括参考文献
听说描定标准4：提供信息、调查结果以及支持性证据，听者可以理解推理的思路，语篇的组织风格和发展，并且语体风格符合任务、目标和受众的要求。			**在研究中"四个维度"：**1) 随时间变化的趋势2) 多角度3) 技术进步4) 预测	
语言描定标准1：写作或讲话时使用符合标准英语的语法和惯例用法。	**货物**：国家为什么进出口货物？**贸易**：供求关系是如何影响贸易的？**来源问题**：你将如何获得信息？你会使用什么消息来源？怎样确保你的消息来源可靠？（即www.aapaports.org和www.worldshipping.org）	13) 教学游戏14) 连词填空15) 文氏图16) 拼贴画	可信度四步法策略（信息来源）	**反思与承诺**1) "+1" 教学法是如何加深或提升你对主题的理解的？2) 下次面对同一主题时，你会做什么不同的做法？3) 你承诺会做什么以拓展该项目，并在你的学校与其他人进行分享？

项目展示的可选项 ↓
肢体：● 音乐演奏● 戏剧或小品● 实验● 棋盘游戏
口头：● 小组讨论或辩论● 录像● PowerPoint/Prezi/Google演示文稿● 讲座
视觉：● 网站● 海报或插图● 视频或短片● 流程图或概念图
书面：● 报告● 简报● 资料手册或宣传手册● 剧本或短篇故事

*鼓励和引导学生向特定的受众提出建议。

211

表5.22 "+1"教学法计划日历的示例

第1天 20___－___－___	第2天 20___－___－___	第3天 20___－___－___	第4天 20___－___－___	第5天 20___－___－___
计划：项目挂钩——通过视频、图片，或嘉宾演讲，找到一种能吸引学生参与的创新方法。重新对照展示21世纪技能，运用头脑风暴收集可能进行深入探讨的主题。	计划：重新对照项目标准、项目目标。阐明所有的问题。接下来，对照"+1"教学法规划准则，让学生选择一个学习主题，以是小组或是全体学生。	计划：组织学生团队的学习主题。重新对照团队角色和职责以及团队协议。按照分配角色演示七项合作准则。	计划：示范大概念、普适性概念，以及关键问题。可以让学生团队自己选择，或者这些知识。如果全体学生一起做，你可以让学生创建三栏式（大概念、普适性概念、关键问题）问题。	计划：让学生分享他们的大概念、普适性问题，以及关键问题以检验学生是否理解这些知识。如果学生创建三栏式，可以让学生创建三栏式（大概念、普适性概念、关键问题）。
材料：期刊（电子或纸质）、相关资料、21世纪技能清单、记录表格、技术支持	材料：附带准则的讲义、评价准则、记录表格、马克笔、期刊、技术支持	材料：合作七项准则的讲义、团队角色和职责以及团队协议、记录表格、马克笔、期刊、技术支持	材料：记录表格、马克笔、学生日记、附带关键问题和普适性概念的讲义、技术支持	材料：学生的大概念、普适性概念和关键问题三栏式讲义、马克笔/蜡笔、技术支持
所需时间：30分钟－1小时	所需时间：30分钟－1小时	所需时间：30分钟－1小时	所需时间：1小时（或更多时间）	所需时间：30分钟－1小时

第6天 20___－___－___	第7天 20___－___－___	第8天 20___－___－___	第9天 20___－___－___	第10天 20___－___－___
计划：重新对照展示项目准则（和项目展示的选项），着重声音传达、眼神交流、着装、自信、吸引力、简洁（PEACES）与精神、共鸣、理性（EPL）与评估准则，写作评估准则。项目展示准则、反思与承诺标准。	计划：通过使用"+1"教学法技巧让学生进行"提问风暴"活动，运用大概念来提出问题。活动以全体学生或学生团队形式进行。	计划：选择需要研究的问题。确保所选择的问题代表了"+1"教学法教学技巧针对的全部四个层次。活动团队间共享。	计划：根据项目提示确定学习活动并鼓励他们针对性探究的答案。四个维度、四个信度同步方法策略。	计划：研究的第一天。学生进行研究，找到他们针对性探究的答案。学生完成当天的学习活动。
材料：评估准则、写作评估准则、21世纪技能讲义、记录表格、技术支持	材料：提问技巧讲义、马克笔、期刊、技术支持	材料：提问技巧讲义、记录表格、马克笔、期刊、技术支持	材料：文本样本、四个维度和可信度四参考策略讲义、期刊、记录表格、技术支持	材料：期刊、纸质或电子的文件夹、研究资料、四个维度、可信度四参考策略、技术支持
所需时间：30分钟－1小时	所需时间：30分钟－1小时	所需时间：30分钟－1小时	所需时间：1小时（或更多时间）	所需时间：1小时（或更多时间）

[续表]

第11天 20__-__-__	第12天 20__-__-__	第13天 20__-__-__	第14天 20__-__-__	第15天 20__-__-__
计划：研究的第二天。学生进行研究，找到他们针对性探究问题的答案。学生完成另一个学习活动或拓展之前的学习活动。	**计划**：研究的第三天。学生进行研究，找到他们针对性探究问题的答案。学生完成另一个学习活动或拓展之前的学习活动。	**计划**：研究的第四天。学生进行研究，找到他们针对性探究问题的答案。学生完成另一个学习活动或拓展之前的学习活动。	**计划**：研究的第五天。如有必要，才进行研究。提出团队的建议，确定项目展示的选项，并开始规划项目展示。	**计划**：参考项目展示准则，提醒学生进行演讲规划时，要考虑PEACES与EPL策略。在学校和家中继续规划演讲。
材料：期刊、纸质或电子的文件夹、研究资料、四个维度、可信度四步法策略、技术支持	**材料**：期刊、纸质或电子的文件夹、研究资料、四个维度、可信度四步法策略、技术支持	**材料**：期刊、纸质或电子的文件夹、研究资料、四个维度、可信度四步法策略、技术支持	**材料**：期刊、记录表格、研究资料的纸质或电子的文件夹、四个维度、可信度四步法策略、技术支持	**材料**：期刊、记录表格、研究资料的纸质或电子的文件夹、四个维度、可信度四步法策略、技术支持
所需时间：1小时（或更多时间）	**所需时间**：1小时（或更多时间）	**所需时间**：1小时（或更多时间）	**所需时间**：1小时（或更多时间）	**所需时间**：1小时（或更多时间）
第16天 20__-__-__	**第17天 20__-__-__**	**第18天 20__-__-__**	**第19天 20__-__-__**	**第20天 20__-__-__**
计划：在学校和家中继续规划演讲。学生团队应该运用项目展示准则练习。	**计划**：在学校和家中继续规划演讲。进行彩排并使用项目展示准则作为指导。学生选择展示的角色。	**计划**：项目展示演讲。学生团队先在各团队间展示，再向整个班级，或向课堂外的其他受众展示。运用项目展示准则评分。	**计划**：学生采用写作评估。鼓励学生使用期刊的注释、"盒子和子弹"策略、句子框架以及项目证据。	**计划**：学生写下他们的反思与承诺。教师（或学生）决定如何论证。庆祝项目完成。
材料：期刊、记录表格、研究资料的纸质或电子的文件夹、四个维度、可信度四步法策略、技术支持	**材料**：项目展示的材料（投影仪、记录表格、评价准则、笔记本电脑/数字设备技术支持	**材料**：项目展示的材料（投影仪、记录表格、评价准则、笔记本电脑/数字设备/技术支持）	**材料**：学生笔记/期刊、铅笔/钢笔、纸、技术支持（如果在计算机/电子设备上打字）	**材料**：取决于活动——记录表格、期刊、马克笔、钢笔、铅笔
所需时间：1小时（或更多时间）	**所需时间**：1小时（或更多时间）	**所需时间**：1小时（或更多时间）	**所需时间**：1小时（或更多时间）	**所需时间**：30分钟~1小时

注意：调查/研究也可以在家中进行。

表5.23　船舶营运主题的跨学科活动表

标准	学习活动
英语语言文学 英语语言文学（ELA）/素养标准虽已制定，但仍可添加更多标准。	1. 仔细阅读关于船舶营运的一篇文章，对文本进行加注，突出显示过渡词，并强调关于精神、共鸣和理性三方面（简称EPL）的证据。 2. 使用过渡词/短语，以及EPL策略为船舶营运设计一个广告，并在全班面前展示广告。
数学 ● 数学实践4（MP4）：数学建模。 ● 数学实践5（MP5）：策略性地使用适当的工具。 ● 数学实践6（MP6）：注意精确。	1. 使用计算器计算出集装箱的周长、面积和体积。 2. 计算每分钟的货物移动量、每小时的货物移动量，或每小时的货物移动成本。 3. 用模型、吸管、冰棒棍、木块、塑料或纸建造一艘船。 4. 确定在船只蓝图中使用的数学概念和公式。解答其中的一个公式。
科学 新一代科学教育标准（NGSS） ● 实践2：开发和使用模型 ● 实践4：分析和解释数据	1. 按比例建造一艘船。 2. 用科学的方法对浮在水面或沉在水里的物体进行实验。 3. 使用公式 $F_b = V_s \times D \times g$。 4. 将船舶数据组织成表和曲线图。解释这些数据表明了什么，其含义是什么，以及它们为什么重要。
历史/社会研究 ● 利用时间和空间思维构建时间轴 ● 研究、证据和观点 　获得第一手和第二手资料来源。	1. 注意第一手资料来源（船只的原始照片或绘画）与第二手资料来源（关于船只方面的《时代》杂志的文章）之间的区别。 2. 评判资料来源的可信度。 3. 创建跨越一个世纪或多个世纪的船舶营运的时间轴。例如，从哥伦布时期到现代船舶营运的时间轴。
体育 ● 标准4（K-5）：学生能够掌握健康理念的知识、原则和改善健康方面的策略。 ● 标准2（6-12年级）：学生在掌握健身概念、原则和策略知识的同时，可以保持身体健康并提升运动成效。	1. 研究船员如何从事体力活动和锻炼。问题探索示例：船上有健身房吗？有运动训练吗？船员们每天承受多少体力活动？如何把这与身体健康的概念、原则和策略联系起来呢？ 2. 为船员的饮食和锻炼，制作一个文本（图片、文章、视频等）。
视觉艺术 ● 历史和文化背景 ● 审美价值	1. 分析与船舶相关的过去和现在的艺术作品（绘画、素描、模型、陶器等）。 2. 在绘制、涂色或制作船舶时，考虑艺术元素、设计原则和美学品质。从以上的艺术作品中获得灵感。

习活动。在整个20天的周期里，教师有多种机会促进跨学科的学习活动。例如，如果教师决定教授船舶营运单元，他们可以使用表5.23来布置两个或多个学习活动以满足多个内容标准的要求。即使学生们正在进行跨学科的学习活动，他们仍然是在围绕船舶营运这一主题进行调查和探究的。为了达到最优计划，建议教师们使用不同的方法进行协作，从而实现跨学科的学习活动。

学生需要掌握的21世纪技能

当"+1"教学法的过程结束时，让我们重温瓦格纳的21世纪技能。我们要问，"瓦格纳提出的21世纪技能的作用是什么，证据是什么？"瓦格纳的模型如下：

1. **批判性思维和问题解决能力**——通过对现实问题的研究（如，船舶营运）、探究、调查和反思，促进批判性思维。学生在学习活动、研究、技术（SAMR模型）和提出项目建议中，学会运用问题解决的技能。

2. **通过关系网络进行协作的能力和通过影响力进行领导的能力**——学生进行项目研究时，运用技术与同龄人进行社交互动、开展协作并建立工作关系。从项目开始到项目完成，学生自始至终需要通过团队合作培养他们的领导能力。

3. **灵活性和适应性**——学生在开展团队合作与进行调查研究时学会适应——因为变化是不可避免的。学生运用他们的灵活性和智慧能力，采用不同的策略/技巧（提问、文本、四个维度、可信度四步法策略），提出建议，展示项目成果，以及进行反思。

4. **主动性和创新性**——鼓励学生在主题研究的过程中，积极主动，锐意革新，发挥创新精神。学生的成功取决于他们的主动性，如果他们能够积极主动，那么他们就会取得更大的成就。这些技能可以帮助学生做好升学和就业的准备。

5. 有效的口头和书面沟通能力——在"+1"教学法的整个过程中，都要求学生具备有效沟通的能力。学生们有很多机会练习和提高他们的口头沟通技巧（与同龄人对话和讨论）、书面沟通技巧（期刊、技术［Padlet、TodaysMeet，或社交媒体］、提出建议、写作评估、反思与承诺），以及表达技巧（修辞手段和项目展示）。学生还应学会使用研究证据来证实他们的研究发现/声明。

6. 获取和分析信息的能力——学生通过文本（第一手和第二手的资料来源）、研究和互联网来获得信息。他们通过部分策略，例如EPL（精神、共鸣和理性）、VTS（视觉化思维策略）、四个维度和可信度四步法策略，学会分析信息。

7. 好奇心和想象力——"+1"教学法的项目非常支持和尊重学生的好奇心。学生在教学过程中选择一个能够激发他们好奇心和兴趣的学习主题。教师可以通过项目展示，培养学生丰富的想象力，激发学生的创新性、独创性和独特性。

如前文所述，21世纪技能对于引导学生完成"+1"教学法的教学周期很有帮助。在学生开始项目之前，教师可以逐项介绍并阐释这七项技能，并在学生应用这些技能之前，让他们了解21世纪技能的重要性和相关性。如果学生知道21世纪技能的目的，他们将会更倾向于使用这些技能。

差异化教学与"+1"教学法

在本章结束之前，我们有必要探讨一下差异化教学。由于在教育中的广泛应用，"差异化教学"这一术语需要一个具有可操作性的定义。卡罗尔·A. 汤姆林森所著的《差异教学的课堂：回应所有学习者的需求》(*The Differentiated Classroom: Responding to the Needs of All Learners*)，提供了一个非常连贯和全面的差异化教学的定义。汤姆林森指出，在进行差异化的课程和教学时，有三个问题需要考虑。每个问题都包括具体策略，以达到预期的结果。而很多策略都直接与"+1"教学法教学过程相一致。

1. 什么是教师的差异化教学？这要求教师要根据学生的不同需求调整教学方法与内容。

   a. **教学内容**——教学内容的传授和获得信息的所需资料

   （知识导图、图表、音乐、运动、技术、视觉效果、讲故事、对话讨论、幽默、记忆技巧、模型等）

   b. **教学过程**——学生理解、创造意义和"拥有"知识的过程

   （灵活分组——全班、小组、两人一组、三人一组、兴趣小组和语言能力小组；学习活动——实验、游戏、研究、期刊、项目、观点互换、实地考察、家庭作业等）

   c. **教学成果**——学生如何展示他们所掌握的情况以及他们的学习成果

   （口头——辩论、讲座、演讲；肢体——游戏、舞蹈、棋类游戏；视觉——视频、拼贴画、展示板；书面——论文、评价、时事通讯）

2. 教师如何做到差异化教学？这要求教师根据学生的准备程度、学习兴趣或学习情况进行差异化教学。

   （例如，学习进度监控、个别化教育计划、运用数据指导教学、确认不同的切入点、精选学习活动和项目、个性化教学/进度计划）

3. 老师为什么需要进行差异化教学？这是因为教师要根据学生们的不同情况调整学生的学习体验。最关键的原因是获得学习机会、提升学习动力和提高学习效率。

"+1"教学法项目通过内容区分"什么**是教师的差异化教学**"(因为教师使用模型、技术、"脚手架"、句子框架、四个维度、可信度四步法策略,以及各种准则),教学过程(因为学生参与团队协作,所以他们与人合作,参与对话和讨论,并参与多个学习活动)和教学成果(因为学生提出建议,以各种方式[口头,肢体,视觉和书面]进行项目展示,参与写作评估,进行反思并决心拓展项目)。解答"如何做到差异化教学"旨在提高学生的学习兴趣,学生可以自己选择要研究的主题,而回答"老师为什么需要进行差异化教学"这一问题旨在提升学生的学习动力和学习效率。差异化教学不仅是可实现的,而且也是至关重要的,它增加了学生的学习机会,提高了教师的教学质量。有天赋的学习者、接受特殊教育的学生以及英语学习者等特定学生群体均可从差异化的教学战略中受益。"+1"教学法丰富了这些不同群体学生们的学习体验,因为该教学体系可通过不同的教学内容、教学过程和教学成果对学生进行因材施教,满足学生们具体的学习需求。

思考一下,现在你是如何对学生进行差异化教学的?还记得你的K-12老师是如何对你进行差异化教学的吗?为什么差异化教学很重要?如何将汤姆林森的差异化教学模式转化应用到你所在的地区、学校或课堂?

小结

要点6(提出建议、项目展示)和要点7(写作评估、反思与承诺)涉及学生的责任感和主人翁精神,是"+1"教学法的关键组成部分。所有相关者都有责任确保学生的成功，包括学生自己。主人翁精神增强了责任感。如果我们不想主动地去做，即我们不渴望去实现它，那么我们就不会为目标付出努力。"+1"教学法的有效实施需要集体的责任感，需要集体的主人翁精神来共同帮助学生提高学习成绩，以及需要集体的努力来帮助学生做好升学和未来就业的准备。

通过"+1"教学法，学生可以掌握一些重要的技能，并把这些技能应用于解决问题、提出问题、回答问题、进行研究、寻找资料来源、批判性思维、使用技术、项目展示、沟通交流（口头的、数字的和书面的）、反思，以及更大的目标中——正如我们第二章至第五章所示。同样重要的是，学生了解了学习21世纪技能的目的，以及如何在"+1"教学法过程中应用这些技能。当完成学习周期时，学生就具备了能够在本国和全球范围竞争的技能，也掌握了为未来升学、就业和生活做好准备的技能。我们要把时间、精力和金钱投入到教学实践中。教学实践基于研究、标准、项目、探究、21世纪技能、学习兴趣、学习动力和技术，而最为重要的是，以学生为中心，达到提升学生学习成绩的目的。总之，这些特点就构成了"+1"教学法中的"+1"。"+1"教学法的复杂性，以及学生所要求的高水平的认知需求，需要教师进行精准教学，帮助学生为未来的升学和就业生涯做好准备。最后一章将探讨教师心态、示范性教学以及提高教学水平的承诺。

本章关键词

- 责任机制
- 形成性评价和终结性评价
- 以计算机技术为基础的评估
  - "智慧平衡评估联盟"和"为升学和就业做准备的评估联盟"

- 提出建议
- 项目展示
  - 说服（精神、共鸣、理性——EPL）
  - 表达（声音传送、眼神交流、着装、自信、吸引力和简洁——PEACES）
  - 展示类型——口头、肢体、视觉和书面
- 写作评估
  - 评分准则和分级评分
  - 学生样本
- 反思与承诺
- 跨学科的单元
- 21世纪技能
- 差异化教学

Final Destination

第六章
对"+1"教学法的一些思考

无论我们是否准备充分，改变都是不可避免的。为了跟上日益变化的世界，学生需要学习课堂之外的技能。学生必须学会如何合作、交流、进行批判性思考、使用技术、解决问题、提问、研究，并进行跨学科思考。"+1"教学法是一个旨在在多种情境下应用这些重要技能的框架。这个框架也是转变教与学的对话启动器。正如爱因斯坦指出的那样，我们不能一遍又一遍地重复做同一件事，并且期望得到不同的结果。我们的教学实践有必要适应并跟上迅速变化的社会和日益增加的学生需求。30年、20年甚至10年前对学生有效的方法，为了适应今天的学生，也都可能需要做出调整。注意，这里说的是调整适应，而不是放弃。某些教学实践的典范，如学生参与、教学内容的丰富和教学公平等策略，并不受时代变化的影响，但我们需要接受能推动我们前进的教学实践，尤其是那些创新的、以技术和兴趣为基础的实践。21世纪对人才的需求使得这些指导实践成为必要。

教育工作者需要对学生怎样才算是对升学和就业做好了准备确定一个共同的标准。学校课程和教师指导可能是帮助学生为升学、就业和生活做好准备的最有影响力的要素。相应地，提高意识、嵌入21世纪的技能和技术、培养探究和调查能力、加强教学精准性、融合真实世界的应用、帮助学生胜任全球经济竞争力等教学实践都是朝着正确方向迈出的脚步。如果我们不能坚信教学指导是教育改革的催化剂，就不会改变现状。教师可以利用自己的教学内容、教学目的和教学方法，更好地帮助学生为21世纪的学习做好准备。相应地，学生获得了可以应用到大学和未来职业的技能和知识，将学习看作一个终生习惯，提高了取得成功的机会。本章主要强调运用自我评价促进专业成长和示范教学的方法，并讨论了关于"+1"教学法的一些想法。

自我评价

评价不仅具有形成性和终结性，也具有反思和内化的属性。这种类型的评价是个人成长和专业成长不可分割的一部分。为了保持教与学的健康平衡，教育工作者应该定期进行自我评价。自我评价可以从采用元认知技能（也是我们教给学生的）开始。

21世纪教师和管理者技能清单

"我们如何对自己的教与学进行自我评价？"评价准则表、清单和绩效指标是教师进行自我评价的基本工具。大多数学校都有包括定量测量在内的教学评估工具。但是，这里所指的是一种考虑了21世纪技能的自我评价。21世纪技能对教师、学生和管理者同等重要。根据21世纪技能来培养思维习惯的教师，将更倾向于在计划和教学中使用这些技能。类似地，管理者可以通过围绕21世纪技能培养自己的思维习惯来增强领导力和学习能力。因此，我为教师和管理人员创建了一个21世纪技能清单，以便探究想法，并为相应的专业实践确定下一步的方向。

表6.1 教师21世纪技能清单

批判性思维和问题解决能力 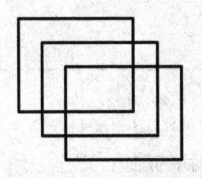	1. 如何跳出思维定式进行思考和教学？ 2. 如何多角度思考？ 3. 我的提问会引出更多的问题吗？ 4. 如何找到问题的答案？ 5. 我可以用另一种方式来教授这一内容吗？ 6. 我还能为我的学生说些什么，找到些什么，做些什么呢？ 7. 用什么方法来解决问题？
通过关系网络进行协作的能力和通过影响力进行领导的能力 	1. 如何通过关系网络/程序逻辑控制系统进行协作？ 2. 如何让团队合作帮助我协作？ 3. 如何使用技术与同伴互动？ 4. 如何将技术融入我的教学？ 5. 我在哪些方面表现出了领导力？ 6. 如何通过影响力进行领导？
灵活性和适应性 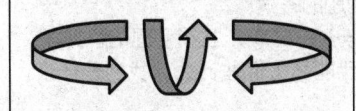	1. 如何表现出我思维敏捷、准备得当？ 2. 我能迅速反应吗？反应够快吗？ 3. 如何表现出我的灵活性？ 4. 适应性对我来说意味着什么？ 5. 为什么团队和我应该变通？
主动性和创新性 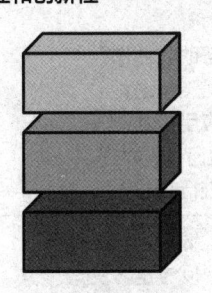	1. 如何表现我的自主性？ 2. 如何表现我的主动性？ 3. 我应如何与学生一起取得成功？ 4. 如何加强我的专业实践？ 5. 我在哪些方面表现出积极主动、富有创新精神？
有效的口头和书面沟通能力 	1. 我多久进行一次合作对话？ 2. 我的话语是否能激发创意、启迪思维？ 3. 如何有效地表达信息？ 4. 如何在写作中表达我的想法？ 5. 如何使用技术进行交流？

[续表]

获取和分析信息的能力	1. 我应使用什么工具和策略来获取信息？ 2. 如何利用技术获取信息？ 3. 我应使用什么工具和策略来分析和解读学生数据/信息？
好奇心和想象力	1. 我对什么好奇，为什么？ 2. 我对什么学习内容感兴趣，为什么？ 3. 如何在教学中运用我的想象力？ 4. 我在教学中有哪些创造性的地方？ 5. 原创性和独特性意味着什么？

表6.2 管理者21世纪技能清单

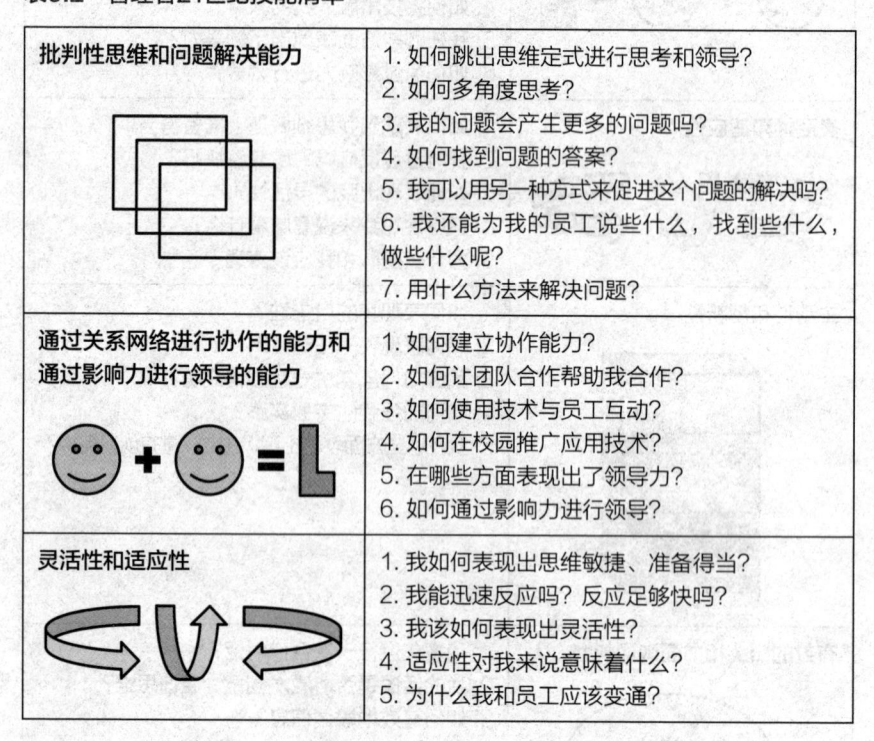

批判性思维和问题解决能力	1. 如何跳出思维定式进行思考和领导？ 2. 如何多角度思考？ 3. 我的问题会产生更多的问题吗？ 4. 如何找到问题的答案？ 5. 我可以用另一种方式来促进这个问题的解决吗？ 6. 我还能为我的员工说些什么，找到些什么，做些什么呢？ 7. 用什么方法来解决问题？
通过关系网络进行协作的能力和通过影响力进行领导的能力	1. 如何建立协作能力？ 2. 如何让团队合作帮助我合作？ 3. 如何使用技术与员工互动？ 4. 如何在校园推广应用技术？ 5. 在哪些方面表现出了领导力？ 6. 如何通过影响力进行领导？
灵活性和适应性	1. 我如何表现出思维敏捷、准备得当？ 2. 我能迅速反应吗？反应足够快吗？ 3. 我该如何表现出灵活性？ 4. 适应性对我来说意味着什么？ 5. 为什么我和员工应该变通？

[续表]

主动性和创新性 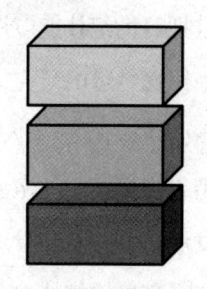	1. 如何表现我的自主性？ 2. 如何表现我的主动性？ 3. 如何与我的员工一同取得成功？ 4. 如何加强我的专业实践？ 5. 我在哪些方面表现出积极主动、富有创新精神？
有效的口头和书面沟通能力  文字的力量	1. 我多久进行一次合作对话？ 2. 我的谈话是否能激发创意、启迪思维？ 3. 如何有效地表达信息？ 4. 我在哪些方面以书面形式表达思想？ 5. 我如何使用技术进行交流？
获取和分析信息的能力 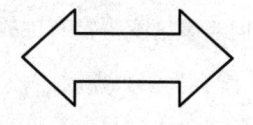	1. 使用什么工具和策略来获取信息？ 2. 如何利用技术获取信息？ 3. 用什么工具和策略来分析和解读学生数据/信息？
好奇心和想象力 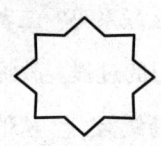	1. 我对什么好奇，为什么？ 2. 我对学习什么感兴趣，为什么？ 3. 我在哪些方面有创造力？ 4. 原创性和独特性意味着什么？ 5. 我如何分享愿景，清晰地表达新想法？

思考　提问　转化应用

思考自己评价自己职业实践的方式。你会把21世纪技能运用到自己的职业发展中去吗？你如何将教师与管理者21世纪技能清单转化应用到你所在的地区、学校或课堂？

思维模式

　　自我评价的下一步与思维模式有关。教师一旦把21世纪技能应用到专业实践中，就需要确定自己将如何去实现目标。根据德维可的研究，正确的思维模式可以激发成人和学生的全部潜能，并激励他们实现个人目标。德维可的研究内容集中在两种思维模式——成长型思维模式和固定型思维模式。具有成长型思维模式的人相信智力是可以发展的，这意味着通过努力和适当的训练，人们可以显著提高成就。具有成长型思维模式的人在提升自我时会更为成功，完成更高级的工作，获得更高的成就。他们脚踏实地，面对挑战不断进步。相反，具有固定型思维模式的人认为智力是静态的。他们认为自己的能力水平"已经固定"，没有改变或提高的真正愿望。固定型思维模式就是基于这样一种信念，认为能力、智力和性格不可能通过努力和训练来培养，也正因此很难实现一个人的全部潜力。有这种心态的人，当事情在自己的掌控之中时会茁壮成长；但当事情变得富有挑战性，或当他们感觉自己不够聪明或没有天赋的时候，就会失去兴趣。

　　德维可认为思维模式不是一成不变的；成人和小孩的思维模式可以通过教育改变。那么，思维模式和"+1"教学法有什么联系吗？二者间的联系非常紧密。"+1"教学法是一个成长的、围绕学习的过程。教师必须重视"+1"教学法，把它作为培养动力、迎接挑战、持续努力、从他人的成功和失败中学习的途径。教师应和学生共同学习、共同成长，改变他们的行为和认知。这种改变源于学生对学习新知和改善自身周边环境的渴望。没有这样的渴望，从学习中获得的、对所学知识的应用和个人的成长就不可能发生。除了帮助学生掌握升学和就业的技能外，"+1"教学法的目的是将知识从一个情境转化应用到另一个。这种知识的转移增加了学生在本国和全球竞争的能力，因为学生已经具备了适应、建立联系并将理论应用到现实生活中的能力。成长型思维模式对于获得并保持这些成果至关重要。

> 思考　提问　转化应用
>
> 思考你曾经在某件事情上采用固定型思维模式的情境。这种思维模式是如何影响你做出决定的呢？为什么思维模式很重要？如何将德维可关于思维模式的研究转化应用到你所在的地区、学校或课堂？

书末思考

我相信本书的意义将超越当今的教育实践指导。"+1"教学法适用于知识在任何学科之间的转化和应用。学生参与项目式学习不仅仅是为了精准教学：他们还学习了如何在现实世界中应用知识，如何运用21世纪技能，如何进行研究、整合技术，并作为真正的实践者进行反思。毫无疑问，这些技能提高了学生的学习意识，为他们打牢了大学生活和职业生涯的基础。教育者通过教授学生深入掌握概念性知识来培养学生的高期望值。深入学习有关内容能够使学生进行批判性思考，并通过更高层次的认知需求理解学习内容。"+1"教学法有目的地提高了对精准教学和概念理解的标准，同时专注于改变教学规范和学习规范的思维习惯。

本书是建立在改变教学实践，引起人类行为变化的基本原理的基础之上的。学生完成此书要求的任务后，能够更深入地了解学习主题，并掌握有关技能，从而为他们的学业、职业和生活做好准备。教师完成此书要求的任务后，会拥有一套含有资源、方法和技巧的工具箱，可以通过"+1"教学法取得更多成果。管理者完成此书要求的任务后，会拥有一个实用的指南，能够促进"+1"教学法的实施。家长完成此书要求的任务后，会了解到他们的孩子参与了学习、对学习感兴趣并有学习动力，增强了对学校教学体系的信心和满意度。待就业的毕业生完成此书要求的任务后，已完全具备应用21世纪技能的能力，并随时准备在多种情况下使用有关技术。我希望教师的"+1"教学法实践经验能够激励他们在各个学科传播关于项目式学习的好消息。学习应该充满乐趣、富有吸引力，并能够引起学生对学习更多知识的渴望。愿作为教师的你在这个学习过程中成长，与他人分享这一学习过程，并在未来更多地实践这一学习过程。感谢你参加"+1"教学法的"计划、管理和评估"之旅。既然你已经到达了终点，下一步就该由你来继续属于自己的旅程了。

思考　　提问　　转化应用

思考一下你曾经挑战过的极限。你是如何达到你的目标的？这种"+1"教学法的体验是如何影响你的教学实践的？你能够与你的地区、学校或学生分享本书的哪些要点？

本章关键词

- 开始一段对话
- 自我评价
  - 21世纪教师和管理者技能清单
  - 成长型思维和固定型思维
- 书末思考

APPENDIX A

附录 A
视觉和表演艺术学科教育标准

舞蹈

艺术感受

- 通过舞蹈特有的语言和技能,处理、分析和响应感官信息。
- 学生利用舞蹈的元素来感知和回应。他们展示动作技能,处理感官信息,并使用舞蹈词汇描述动作。

创造性表达

- 创作、表演和参与舞蹈。
- 学生应用舞蹈的原则、过程和技巧,通过即兴创作、作曲和表演来创造和传达意义。

历史和文化背景

- 了解舞蹈的历史贡献和文化维度。
- 分析舞蹈在过去和现在世界各地文化中的作用和发展,注意到人类在舞蹈和舞蹈者方面的多样性。

审美价值

- 对舞蹈作品做出反应、分析和判断。
- 根据舞蹈元素和审美品质，对舞蹈作品、舞蹈演员的表演和原创作品进行批判性的评价，并从中抽取有意义的信息。

联系、关系及应用

- 将舞蹈中学到的知识应用于其他艺术形式、学科领域和职业发展。
- 将在舞蹈中学到的东西应用到各个学科领域的学习中，在解决问题、沟通、时间和资源管理等方面培养有关能力和创造性技能，这些能力和技能将有助于学生终生学习能力和职业技能的培养。了解与舞蹈直接或间接相关的职业。

*注：以上标准代表了K–12年级视觉艺术和表演艺术的总体要求，并非针对特定年级的标准。

音乐

艺术感受

- 通过语言和技能独特的音乐，处理、分析和响应感官信息。
- 用音乐术语阅读、记录、倾听、分析和描述音乐和其他听觉信息。

创造性表达

- 创作、表演和参与音乐。
- 运用声乐和器乐技巧来表演各种音乐曲目。在适当的时候，使用数码/电子技术，创作、演奏音乐、即兴表演歌曲、变奏曲，并进行伴奏。

历史和文化背景

- 了解音乐的历史贡献和文化维度。
- 分析在过去和现在的世界文化中音乐的作用，并注意与音乐、音乐家和作曲家有关的文化的多样性。

审美价值

• 对音乐作品做出反应、分析和判断。

• 根据音乐元素、美学品质和他人反应，从音乐作品和音乐家的表演中进行批判性地评价并从中抽取有意义的信息。

联系、关系及应用

• 把在音乐中学到的知识应用于其他艺术形式、学科领域和职业发展。

• 将他们在音乐中学到的东西应用到各个学科领域的学习中。在解决问题、沟通、时间和资源管理等方面培养有关能力和创造性技能，这些能力和技能将有助于学生终生学习和职业技能的培养。了解与音乐直接或间接相关的职业。

*注：以上标准代表了K-12年级视觉艺术和表演艺术的总体要求，并非针对特定年级的标准。

戏剧

艺术感受

• 通过剧院特有的语言和技能，处理、分析和响应感官信息。

• 观察他们所处的环境，并运用戏剧元素进行回应。观察戏剧、电影/视频和电子媒体的正式和非正式作品，并使用戏剧术语进行回答。

创造性表达

• 创作、表演和参与戏剧。

• 应用表演、导演、设计和剧本写作的过程和技能，创作表演正式和非正式的戏剧、电影/视频和电子媒介演出。

历史和文化背景

● 了解戏剧的历史贡献和文化维度。

● 分析戏剧、电影/录像和电子媒体在过去和现在的世界文化中的作用,注意与戏剧相关的文化多样性。

审美价值

● 对戏剧经验做出回应、分析和评论。

● 以美学品质为基础,对戏剧、电影/录影、电子媒体和戏剧艺术家的作品,进行批判并从中抽取有意义的信息。

联系、关系及应用

● 将在戏剧、电影/视频和电子媒体中所学的知识与其他艺术形式、学科领域和职业发展联系起来并加以应用。

● 将自戏剧、电影/视频和电子媒体中学到的知识应用于各个学科领域。在解决问题、沟通、时间和资源管理等方面培养有关能力和创造性技能,这些能力和技能将有助于学生终生学习和职业技能的培养。了解与戏剧直接或间接相关的职业。

*注:这些标准代表了K-12年级视觉及表演艺术的整体主题。它们不是特定年级的标准。

APPENDIX B

附录 B
单元计划模板及可用资源

Project-Based Learning
Across the Disciplines

教师姓名：　　　　　　　　　　　　"+1" 教学法单元计划——股票市场　　　　　　　　　　　　日期：

标准	大概念	普适性概念		关键问题
	经济、政治、供求、利率、投资、通货膨胀、证券交易委员会、竞争、牛市熊市、纳斯达克、标准普尔、道指、期货、期权、表、系统、法律、技术、经济制度、贸易、货币和商品	竞争促进经济发展。 技术影响人们的行为和互动方式。		不同的经济制度对经济有什么影响？ 法律如何影响贸易？

项目目标

学生将分析股票市场的目的和功能。他们将从互联网、媒体、视频、表和文章中收集信息。学生将向他们的同学（或其他人）演示他们的研究发现，撰写一篇关于此主题的小论文，并对这一过程进行反思。

标准	针对性探究	调查（研究）	学习活动	提出建议	项目展示	写作评估
升学和就业准备(CCR)锚定标准： 阅读锚定标准7： 从视觉效果、定量等方面整合和评估句话以多种媒体和格式呈现的内容。 写作锚定标准6： 运用包括互联网在内的技术来创作和出版作品，并与他人一起互动与合作。 写作锚定标准7： 根据重点问题开展短期和长期的研究项目，理解调查对象。	一般问题 什么是股票市场？ 什么是竞争？ 它对投资意味着什么？ 什么是经济制度？ 具体问题 牛市熊市：牛市和熊市之间的区别是什么？ 熊市周期是多久？ 它会导致经济衰退吗？ 竞争：股票市场存在什么类型的竞争？	文本： 可信的第一手和第二手的信息来源，可使学习主题情景化 可供选择的信息来源 ↓ 因特网 报纸 杂志文章 经济类报刊 书籍 视频 电视 电影	可选择的活动 1) 对话和讨论 2) 日志日记 [纸质或电子] 3) 创建时间表 4) 分析法律 5) 在线协作 [云端硬盘、电子邮件、在线协作工具、博客、微博、聊天软件和网络电话]	如何改进或调整与你的学习主题相关的情况？ 任务： 1) 提出两个或多个与学习主题有关的建议 2) 运用研究证据支持你的建议 3) 解释你的建议的好处	说服： 精神（可信度） 共鸣（情感） 理性（逻辑） 表达： PEACES（声音传达、眼神交流、着装、自信、吸引力、简洁） 项目展示的可选项 ↓ 放choice： • 音乐演奏 • 戏剧或演讲 • 模拟贸易活动 • 棋盘游戏	学生将写一篇关于他们学习主题的小论文。他们将回答以下问题： 1) 为什么该主题对研究很重要（请参考适性概念和关键问题）？ 2) 你研究的三个主要发现是什么？ 3) 每个发现的意义是什么？请运用你的研究证据支持你的发现。

234

附录B 单元计划模板及可用资源

[续表]

听说锚定标准4：提供信息、调查结果，以及支持性证据，使听者可以理解推理的思路……	法律：与股票市场有关的法律是什么？ 投资：在股票市场里可以做什么类型的投资？	6) 创建博客 7) 访谈或调查 8) 分析数据和财务报表 9) 制作展板 10) 小测验[纸质或电子]	纪录片 图片 图表 统计数据/调查 个人账户 访谈 观察	*鼓励和引导学生向特定的受众提出建议。	口头： ● 小组讨论或辩论 ● 录像 ● PowerPoint/Prezi/Google演示文稿 ● 讲座	提示： ✓论文遵循评价准则中的标准 ✓论文包括开头、中间和结尾 ✓论文紧扣主题 ✓需包括参考文献
历史/社会研究标准：时间思维和空间思维：解释重大事件是如何相互关联的；可以根据正在研究的关键事件、任务和历史时期列出各种大事纪年表。	拓展问题 牛市/熊市：牛市、熊市对经济有什么影响？ 竞争：竞争如何给市场带来最好的产品？ 法律：当你在股票触犯法律时，会发生什么？ 投资：人们为什么会投资股份？个人的生意投资方式有何不同？	11) 教学游戏 12) 词汇练习 13) 辩论 14) 计算盈率、赎面价值、内在价值等。 15) 虚拟账户	研究中的"四个维度"： 1) 随时间变化的趋势 2) 多角度 3) 技术进步 4) 预测		视觉： ● 网站 ● 海报或插图 ● 视频或短片 ● 给股票打广告	反思与承诺 1) "+1"教学法的学习体验是如何加深或提升你对主题的理解的？ 2) 下次面对同一主题时，你会做什么不同的做法？
数学实践标准： ● 数学实践4(MP4)：数学建模。 ● 数学实践5(MP5)：策略性地使用适当的工具。 ● 数学实践7(MP7)：寻找并利用结构。 ● 数学实践8(MP8)：通过重复推理，寻找并表述规律性。	来源问题 你如何获得信息？ 你会使用什么信息来源？ 怎样确保你的消息来源可靠？		可信度四步法策略 （信息来源）		书面： ● 报告 ● 简报 ● 资料手册或宣传手册 ● 剧本或短篇故事	3) 你承诺会做什么以拓展该项目，并在你的学校与其他人进行分享？
新一代科学教育标准（科学和工程实践）： 实践4：分析和解释数据。						

235

教师姓名：　　　　　　　　"+1"教学法单元计划——过山车　　　　　　　　日期：

大概念	普适性概念	关键问题
主题公园、过山车、速度（加速度和高速）、高度、面积、力、设计、体积、重量/质量、距离、模式、技术、工程、创新、系统	模式的结构化具有重复性。技术要求创新。	成为一名工程专家需要做什么？技术是如何影响安全的？

项目目标

学生将比较和对比过山车随时间变化的趋势。他们将从互联网、观察（去主题公园进行实地考察）、视频和文章中收集信息。学生将向他们的同学（或其他人）演示他们的发现，撰写一篇关于他们的发现和学习主题的小论文，并对这一过程进行反思。

标准	针对性探究	学习活动	调查（研究）	提出建议	项目展示	写作评估
升学和就业准备（CCR）锚定标准： 阅读锚定标准7：从视觉效果、体量和谐词造句等方面整合和评估句不同媒体和格式呈现的内容。 写作锚定标准6：运用包括互联网在内的技术来创作和出版作品，并与他人一起互动与合作。 写作锚定标准7：根据重点问题开展短期和长期的研究项目，理解长期的研究对象。	一般问题 什么是过山车？ 什么是主题公园？ 什么是模型？ 什么是工程师？ 具体问题 过山车：有什么特定类型的过山车？ 哪些主题公园拥有最大的过山车？ 技术：过山车采用了什么类型的技术？	可选择的活动 → 1）对话和讨论 2）日志/日记 [记录：纸质或电子] 3）创建时间表 4）实地考察	文本： 可信的第一手和第二手的信息来源，可使学习主题情景化 可供选择的信息来源 → 因特网 报纸 杂志文章 科学工程类期刊书籍 学校或公共图书馆 视频 电视	如何改进或调整与你的学习主题相关的情况？ 任务： 1）提出两个或多个与学习主题有关的建议 2）运用研究证据支持你的建议 3）解释你的建议的好处	说服： 共鸣（可信度） 共鸣（情感） 理性（逻辑） 表达： PEACES：声音传送、眼神交流、着装、自信、吸引力、简洁 项目展示的可选项 → 肢体： • 音乐 • 戏剧或小品 • 实验	学生将写一篇关于他们的学习主题的小论文。他们将回答以下问题： 1）为什么该主题对研究很重要（请参考适宜性概念）？ 2）你研究的三个关键问题是什么？ 3）每个发现的意义是什么？请运用你的研究证据支持你的发现。

236

[续表]

			*鼓励和引导	●棋盘游戏	提示：
听说描述标准4：提供信息、调查结果，以及支持性证据，使听者可以理解推理的思路……	模式：你可以看出过山车采用了什么样的特定模式？ 工程：什么类型的工程师设计和建造过山车？	5) 在线协作[云端硬盘、电子邮件、在线协作工具、博客、微博、聊天软件和网络电话]	电影 纪录片 图表 统计数据/数据调查 个人账户	口头： 小组讨论或辩论 录像 PowerPoint/Prezi/Google演示文稿 讲座	√论文遵循评价准则中的标准 √论文包括开头、中间和结尾 √论文紧扣主题 √需包括参考文献
数学实践标准4 (MP4)：数学建模	拓展问题 过山车：为什么过山车那么有吸引力？	6) 创建博客 7) 访谈或调查 8) 建模	访谈 观察	视觉： 网站 海报或插图 视频或照片 流程图或概念图	反思与承诺 1) "4+1"教学法的学习体验是如何加深或提升你对主题的理解的？
数学实践5 (MP5)：策略性地使用适当的工具。	技术：技术如何影响过山车的设计？ 模式：为什么过山车具有模式？	9) 制作展板 10) 实验 11) 小测验[纸质或电子]	实地考察 博物馆 科学中心	书面： 报告	2) 下次面对同一主题时，你会有什么不同的做法？ 3) 你承诺会做什么以拓展该项目，并在你的学校与其
数学实践7 (MP7)：寻找并利用结构。	工程：工程师如何承包建造过山车的工作？	12) 教学游戏 13) 选词填空 14) 计算面积	研究中的"四个维度"： 1) 随时间变化的趋势	简报 资料手册或宣传手册 剧本或短篇故事	他人进行分享？
新一代科学教育标准（科学和工程实践）：		力或面积 15) 不同时期的过山车"拼贴画"	2) 多角度 3) 技术进步 4) 预测		
实践2：开发和使用模型。	来源问题 你如何获得信息？		可信度四步法策略（信息来源）		
实践4：分析和解释数据。	你会使用什么来源？ 怎样确保你的消息来源可靠？				
实践5：运用数学思维和计算思维。					

237

"+1" 教学法单元计划——著名画家的画作

教师姓名：　　　　　　　　　　　　　　　　　　　　　　　　　日期：

大概念	普适性概念	关键问题
艺术、艺术家、艺术设计、画笔、色彩、艺术元素、拍卖、艺术博物馆、收藏品、名望、价值（价格）、创造力、模式、文化、社会、美和画家	绘画的艺术美是由文化与社会定义的。艺术是永恒的。	为什么有些艺术（画作）比其他的更有价值？艺术是如何引起共鸣的？

标准	针对性探究	学习活动	调查（研究）	项目目标	提出建议	写作评估
升学和就业准备（CCR）锚定标准7： 阅读描述标准7：从视觉效果、体量和语词造句等方面整合和评估句等方面整合和评现的内容。 写作描述标准6：运用包括互联网在内的技术来创作和出版作品，并与他人一起互动与合作。 写作描述标准7：根据重点问题开展短期和长期的研究项目，理解调查对象。	学生将分析著名画家画作让·米歇尔·巴斯奎特的《相扑的男人》等，图片和文章中收集信息，参观、视频、发现他们的关于他们的发现和学习主题的小论文。 一般问题： 什么是艺术？ 什么是名望？ 什么是色彩？ 什么是艺术元素？ 具体问题： 艺术：艺术有哪些具体类型？ 艺术元素：每个艺术元素的使用有哪些例子？ 价值（价格）：谁给绘画作品定的价？	可选择的活动 ↓ 1) 对话和讨论 2) 实地考察 3) 日志/日记记录 [纸质或电子] 3) 文档分析 4) 实地考察 5) 在线协作 [云端硬盘、电子邮件、在线协作工具、博客、微博、聊天软件和网络电话]	可信的第一手和第二手的信息来源，可使学习主题情境化 ↓ 可供选择的信息来源 因特网 报纸 杂志文章 艺术类期刊 书籍 学校或公共图书馆 视频 电视 电影 纪录片	学生将分析奇的《星夜》、达芬奇的《蒙娜丽莎》、诺曼·罗克韦尔的《红宝石桥》、去博物馆参观他们的目的和功能。他们将从互联网、撰写一篇关于他们的发现、演示他们的发现和学习主题的小论文，并对这一过程进行反思。	如何改进或调整与你的学习主题相关的情况？ 任务： 1) 提出两个或多个学习主题有关的建议 2) 运用研究证据支持你的建议 3) 解释你的建议的好处	学生将写一篇关于他们学习主题的小论文。他们将回答以下问题： 1) 为什么该主题对研究很重要（请参考普适性概念和关键问题）？ 2) 你研究发现的三个主要发现是什么？ 3) 每个发现的意义是什么？请运用你的研究证据支持你的发现。 项目展示： 说服： 精神（可信度） 共鸣（情感） 理性（逻辑） 表达： PEACES(声音传送、眼神交流、着装、自信、吸引力、简洁) 项目展示的可选项 ↓ 肢体： • 音乐或歌曲 • 戏剧或小品

238

[续表]

			提示：
听说描述标准4： 提供信息、调查结果，以及支持性证据，使听者可以理解推理的思路……	售价最高的前五名绘画作品有哪些？ 名气：10位著名的画家都有谁？ **拓展问题**	图片 图表 统计数据/数据/调查 个人账户 访谈 观察	● 展示绘画作品 ● 棋盘游戏 口头： ● 小组讨论或辩论 ● 录像 ● PowerPoint/ Prezi/Google 演示文稿 ● 讲座	√论文遵循评价标准 √论文包括开头、中间和结尾 √论文紧扣主题 √需包括参考文献
历史/社会研究标准： **时间思维和空间思维：** 解释重大事件是如何相互关联的；可以根据正在研究的关键事件、任务和历史时期列出各种大事纪年表。 **研究、证据、观点：** 可以评价第一手资料和第二手资料的可信度。	**艺术：**画家是如何产生艺术灵感的？ 是什么激发了画家的灵感？ **艺术元素：**艺术元素在名画中是如何表现的？ 艺术元素是如何帮助人们评价绘画作品的？ **价值**（价格）：什么决定了一幅绘画作品的价值？	实地考察 博物馆 艺术展 **研究中的"四个维度"：** 1）随时间变化的趋势 2）多角度 3）技术进步 4）预测 **可信度四步法策略** （信息来源）	视觉： ● 网站 ● 海报或插图 ● 视频或短片 ● 广告 书面： ● 报告 ● 简报 ● 资料手册或宣传手册 ● 剧本或短篇故事	**反思与承诺** 1）"+1"教学法的学习体验是如何加深或提升你对主题的理解的？ 2）下次面对同一主题时，你会有什么不同的做法？ 3）你承诺会做什么以拓展该项目，并在你的学校与其他人进行分享？
视觉和表演艺术标准——视觉艺术： **历史和文化背景：** 分析舞蹈在过去和现在世界各地文化中的作用和发展。 **审美价值：** 根据舞蹈元素和审美品质，对舞蹈作品、舞蹈演员的表演和原创作品进行批判性的评价并从中获得价值。	**名声：**名家如何影响我们对绘画作品的感知？ **来源问题：** 你如何获得信息？ 你会使用什么信息来源？ 怎样确保你的消息来源可靠？			

6）创建博客
7）访谈或调查
8）创作一幅绘画作品
9）制作展板
10）小测验[纸质或电子]
11）教学游戏
12）选词填空
13）辩论
14）拼贴画[著名画家和绘画作品]
15）创建时间轴

*鼓励和引导学生向特定的受众提出建议

239

教师姓名：　　　日期：

"+1"教学法单元计划——正式和非正式沟通

大概念	普适性概念	关键问题
正式的、非正式的、交流、备忘录、电子邮件、传单和小册子、写作、阅读、演讲和倾听、媒体、社交媒体、网站、人际关系、公告、简报、员工手册和电话	媒体和社交媒体提供了沟通的方式。人际关系有不同的形式。	人际关系如何影响沟通？阅读是如何把我们和世界联系起来的？

项目目标

学生将分析商业业环境中正式和非正式沟通的目的和功能。他们将从互联网、商业文件、实地考察、采访和文章中收集信息。学生将向他们的同学（或其他人）演示他们的发现，撰写一篇关于他们学习主题的小论文，并对这一过程进行反思。

标准	针对性探究	学习活动	调查（研究）	提出建议	项目展示	写作评估
升学和就业准备（CCR）锚定标准	**一般问题：** 你是如何定义正式的和非正式的？ 什么是交流？ 媒体和社交媒体之间的区别是什么？ **具体问题：** 正式和非正式的文件有哪些具体类型？ **沟通：** 沟通有哪些不同类型？	可选择的活动 ↓ 1) 对话和讨论 2) 日志/日记 [纸质或电子] 3) 文档分析 4) 实地考察 5) 在线协作 [云端硬盘、电子邮件、在线协作工具、博客、微博、聊天软件和网络电话] 6) 创建博客	**文本：** 可信的第一手和第二手的信息来源，学习主题情境化 ↓ 可供选择的信息来源 因特网 报纸 杂志/文章 沟通类期刊书籍 学校或公共图书馆 视频 电视 电影 纪录片	如何改进或调整与你的学习主题相关的情况？ **任务：** 1) 提出两个或多个与学习主题有关的建议 2) 运用研究证据支持你的建议 3) 解释你的建议的好处	**说服：** 精神（可信度） 共鸣（情感） 理性（逻辑） **表达：** PEACES（声音传送、眼神交流、着装、自信、吸引力、简洁） 项目展示的可选项 ↓ **肢体：** ● 音乐或歌曲 ● 戏剧或小品 ● 木偶剧 ● 棋盘游戏	学生将写一篇关于他们学习主题的小论文。他们将回答以下问题： 1) 为什么该主题对研究很重要（请参考普适性概念和关键问题）？ 2) 你研究的三个主要发现是什么？ 3) 每个发现的意义是什么？请运用证据支持你的研究发现。
阅读锚定标准7：从视觉效果、体量和遣词造句等方面整合和评估不同媒体和格式呈现的内容。						
写作锚定标准6：运用包括互联网在内的技术来创作和出版作品，并与他人一起互动与合作。						
写作锚定标准7：根据重点问题开展短期和长期的研究项目，理解调查对象。						

附录B 单元计划模板及可用资源

[续表]

听说锚定标准1： 与多元化的合作伙伴一起准备并高效地参与广泛的对话与合作…… 听说锚定标准4： 提供信息、调查结果以及支持性证据，使听者可以理解推理的思路…… 语言锚定标准1 写作或讲话时使用符合标准英语的语法和惯例用法。 历史/社会研究锚定 时间思维和空间思维： 创建正式和非正式沟通的时间轴	媒体/社交媒体： 媒体和社交媒体有哪些不同形式？ 人际关系：商业关系有哪些不同类型？ 拓展问题 正式和非正式的沟通：人们如何应对不同类型的沟通？ 媒体/社交媒体： 存在于媒体和社交媒体中的偏见有哪些？ 人际关系：为什么建立人际关系很重要？ 来源问题 你如何获得信息？ 你会使用什么信息来源？ 怎样确保你的消息来源可靠？	7）访谈或调查 8）撰写正式和非正式的商务文件 9）制作展板 10）小测验[纸质或电子] 11）教学游戏 12）选词填空 13）语法和句法练习 14）正式和非正式沟通的"拼贴画"	图片 图表 统计数据/调查 个人账户 访谈 观察 实地考察 博物馆 研究中的"四个维度"： 1）随时间变化的趋势 2）多角度 3）技术进步 4）预测 可信度四步法策略 （信息来源）	*鼓励和引导学生向特定的受众提出建议	口头： • 小组讨论或辩论 • 录像 • PowerPoint/Prezi/Google演示文稿 • 讲座 视觉： • 网站 • 海报或插图 • 视频或短片 • 示意图 书面： • 报告 • 简报 • 资料手册或宣传手册 • 剧本或短篇故事	提示： √论文遵循评价规则中的标准 √论文包括开头、中间和结尾 √论文紧扣主题 √需包括参考文献 反思与承诺 1）"+1"教学法的学习体验是如何加深或提升你对主题的理解的？ 2）下次面对同一主题时，你会怎么做？ 3）承诺你会做什么以拓展这项目，并在你的学校与其他人进行分享？

241

教师姓名：　　　　　　　　　　　　　　　"+1" 教学法单元计划——职业运动员　　　　　　　　　　　　日期：

大概念

身体健康、经纪人、竞争、教练、着装、睡眠、合同、饮食、受伤、学院、赞助商和品牌、媒体、营养、体育精神、纪律、公众关系/媒体、旅行、保险、锻炼、领导力、声誉和统计数据

普适性概念

营养和运动是相互依存的。竞争有不同的形式。

关键问题

身体健康可以改变我们的生活吗？成为一名职业运动员需要做什么？

项目目标

学生将分析身体健康的基本知识，并研究随时间变化的职业运动趋势。他们将从互联网、以任务为导向的实地考察、文章和视频中收集信息。学生将向他们的同学（或其他人）演示他们的发现，撰写一篇关于他们的发现和学习主题的小论文，并对这一过程进行反思。

标准	针对性探究	调查（研究）	提出建议	项目展示	写作评估
升学和就业准备（CCR）锚定标准： **阅读锚定标准7：**从视觉效果、体量和遣词造句等方面整合和评估不同媒体和格式呈现的内容。 **写作锚定标准6：**运用包括互联网在内的技术来创作和出版作品，并与他人一起互动与合作。	**一般问题** 什么是运动员？ 什么是竞争？ 你知道的职业运动员都有谁？ **具体问题** 统计数据：体育运动统计数据类型有什么不同类型，并目如何进行数据记录？ 竞争：竞争有哪些不同层次？ **身体健康** 身体健康的基本因素是什么？	可选择的活动 1) 对话和讨论 2) 日志/日记记录 [纸质或电子] 3) 数据分析 4) 实地考察 5) 在线协作 [云端硬盘、电子邮件、在线协作工具、博客、微博、聊天软件和网络电话] **文本：** 可信的第一手和第二手的信息来源，可使学习主题情境化可供选择的信息来源 ➡ 因特网 报纸 杂志/文章 运动类期刊 书籍 视频 电视 电影 纪录片	如何改进调整与你的学习主题相关的情况？ **任务：** 1) 提出两个或多个与学习主题有关的建议 2) 运用研究证据支持你的建议 3) 解释你的建议的好处	**说服：**精神（可信度） 共鸣（情感） 理性（逻辑） **表达：** PEACES/声音传送、眼神交流、着装、自信、吸引力、简洁 项目展示的可选项 ➡ **肢体：** ● 音乐或歌曲 ● 戏剧或小品 ● 木偶剧 ● 棋盘游戏	学生将写一篇关于他们学习主题的小论文。他们将回答以下问题： 1) 为什么该主题对研究很重要（请参考普适性概念和关键问题）？ 2) 你研究的三个主要发现是什么？ 3) 每个发现的意义是什么？请运用你的研究证据支持你的发现。

附录 B 单元计划模板及可用资源

[续表]

| 听说锚定标准 4：
提供信息、调查结果，使听者可以理解推理的思路……

体育标准 4：
学生掌握健康理念的知识、原则和改善健康方面的策略。

历史/社会研究标准：
时间和空间思维：
学生可以把正在学习的历史重要事件、人物以时间和空间顺序进行排序。

新一代科学教育标准（科学和工程实践）：
实践 4：
分析和解释数据。 | 拓展问题
统计数据：统计数据是如何影响职业运动员的职业发展的？

竞争：体育精神在竞争中所起的作用是什么？当职业运动员没有挑战时，会有什么情况发生？

身体健康：职业运动员是如何保持和监控身体健康的？

公共关系/媒体：媒体和职业运动员之间的关系是什么？媒体如何影响职业运动员的声誉？

来源问题
你如何获得信息？你会使用什么信息来源？怎样确保你的消息来源可靠？ | 6）创建博客
7）访谈或调查
8）运动员的肖像[手绘或涂色]
9）制作展板
10）小测验[纸质或电子]
11）教学游戏
12）选词填空
13）拼贴画
14）诗歌
15）运动方面的文章
16）创建时间轴 | 图表
统计数据/数据/调查
个人账户
访谈
观察
实地考察
名人堂
博物馆

研究中的"四个维度"：
1）随时间变化的趋势
2）多角度
3）技术进步
4）预测

可信度四步法策略（信息来源） | *鼓励和引导学生向特定的受众提出建议 | **口头：**
• 小组讨论或辩论
• 录像
• PowerPoint/Prezi/Google 演示文稿
• 讲座

视觉：
• 网站
• 海报或插画图
• 视频或幻灯片
• 示意图

书面：
• 报告
• 简报
• 资料手册或宣传手册
• 剧本或短篇故事 | **提示：**
√ 论文遵循评价准则中的标准
√ 论文包括开头、中间和结尾
√ 论文紧扣主题
√ 需包括参考文献

反思与承诺
1)"4+1"教学法的学习体验是如何加深或提升你对主题的理解的？
2）下次面对同一主题时，你会有什么不同的做法？
3）你承诺会做什么以拓展该项目，并在你的学校与其他人进行分享？ |

243

Project-Based Learning Across the Disciplines

"+1" 教学法单元计划——肾脏学

教师姓名： 日期：

大概念	普适性概念	关键问题
肾脏、药物、钾钠/肌酐、透析、疾病、终末期肾病）、器官移植、职业、肾科医生、介入性肾科医生、HIPAA法案、营养/饮食、医学院委员会、奖学金、居留权科技术	营养和饮食有成本和效益。科技不断地满足人类健康的需要。	什么使肾脏保持健康？肾脏移植的未来是什么？个人应该如何为从事肾脏学做准备？

项目目标
学生们将分析肾脏学职业发展的趋势。他们还将确定和描述肾脏的用途和功能。他们将从互联网、去肾脏科实地考察、文章和视频中收集信息。学生将向他们的同学（或其他人）演示他们的发现，撰写一篇关于他们的发现和学习主题的小论文，并对这一过程进行反思。

	针对性探究	调查（研究）	提出建议	写作评估
标准	**一般问题** 什么是肾科医生？ 什么是透析？ 什么是职业？ **具体问题** 医学院：肾科医生需要接受什么样的教育训练？ 疾病：肾脏疾病有哪些不同类型？ 技术：用于透析机器所采用的具体科技术是什么？	可选择的活动 **文本：** 可信度的第一手和第二手的信息来源，可使学习主题情境化 → 可供选择的信息来源 因特网 报纸 杂志/文章 医学类期刊 书籍 学校或公共图书馆 视频 电视 电影 纪录片	如何改进或调整与你的学习主题相关的情况？ **任务：** 1）提出两个或多个与学习主题有关的建议 2）运用研究证据支持你的建议 3）解释你的建议的好处	学生将撰写一篇关于他们学习主题的小论文。他们将回答以下问题： 1）为什么这个主题对参考普适性概念很重要（请参考关键问题）？ 2）你研究的三个主要发现是什么？ 3）每个发现的意义是什么？请运用你的研究证据支持你的发现。
升学和职业准备（CCR）锚定标准 **阅读锚定标准7：** 从视觉效果、体量和遣词造句等方面整合和评估不同媒体和格式呈现的内容。 **写作锚定标准6：** 运用包括互联网在内的技术来创作和出版作品，并与他人一起互动与合作。 **写作锚定标准7：** 根据问题开展短期和长期的研究项目，理解调查对象。	可选择的活动 → 1）对话和讨论 2）日记/日志 3）记录[纸质或电子] 3）匿名分析病人的医学记录 4）实地考察 5）在线协作 [云端硬盘、协作工具、在线电子邮件、博客、微博、聊天软件和网络电话]			**项目展示：** 说服（可信度） 精神（可信度） 共鸣（情感） 理性（逻辑） **表达：** PEACES（声音传送、眼神交流、着装、自信、吸引力、简洁） 项目展示的可选项 → ● 音乐或歌曲 ● 戏剧或小品 ● 模拟游戏 ● 棋盘游戏

244

附录B 单元计划模板及可用资源

[续表]

听说描述标准4：提供信息、调查结果以及支持性证据，使听者可以理解推理的思路……	营养/饮食：什么食物、饮料和软性毒品对肾功能产生负面影响？什么饮品和饮料对肾功能产生积极影响？	6）创建有关肾脏方面的医学博客 7）采访肾科医生或个人科医生 8）制作肾功能或疾病的展板	图片 图表 统计数据/数据/调查 个人账户 访谈 实地考察透析门诊	*鼓励和引导学生向特定的受众提出建议	口头： • 小组讨论或辩论 • 录像 • PowerPoint/Prezi/Google演示文稿 • 模拟访谈或新闻发布	提示： √论文遵循评价准则中的标准 √论文包括开头、中间和结尾 √论文紧扣主题 √需包括参考文献
体育标准4：学生掌握健康理念方面的知识、原则和改善健康方面的策略。	拓展问题 医学院：为什么需要一直继续他们的学习？	9）实验 10）词汇练习 11）创建时间轴	研究中的"四个维度"： 1）随时间变化的趋势 2）多角度		视觉： • 网站 • 海报或插图 • 视频或短片 • 统计表	反思与承诺 1）"+1"教学法的学习体验是如何加深或提升你对主题的理解的？
数学实践4（MP4）：数学化建模。 数学实践6（MP6）：注意精确性。 数学实践7（MP7）：寻找并利用结构。	疾病：为什么实验室结果对肾疾病的监护非常重要？哪些疾病会导致肾衰竭？ 技术：如果在透析疗期间停电的话，会导致什么情况？	12）强健肾脏的饮食/菜单	3）技术进步 4）预测 可信度四步法策略（信息来源）		书面： • 报告 • 简报 • 资料手册或宣传手册 • 剧本或短篇故事	2）下次面对同一主题时，你会有什么不同的做法？ 3）你承诺会做什么以拓展该项目，并在你的学校与其他人进行分享？
新一代科学教育标准（科学和工程实践）： 实践1：提出（用于科学）问题和定义（用于工程）问题 实践4：分析和解释数据	营养/饮食：为什么营养/饮食对肾脏的健康很重要？ 来源问题：你如何获取信息？你会使用什么信息来源？怎样确保你的消息来源可靠？					

245

教师姓名：　　　　　　　　　　　　　　　　　　　　　　　　　　　　　　　　日期：

"+1" 教学法单元计划——教学

大概念	普适性概念	关键问题
研究、制度、利益相关者（教师、学生、家长、管理者）、政策法律、教学、学习、技术、校长、课程、文化、多样性、工会、薪水、等级、报告卡、评估、普通教育、特殊教育、资优教育、标准、规划、管理、职业、学历、学校、责任感	教学对学习至关重要。制度可能会受到干扰。技术有成本和收益。	教师的真正目的是什么？ 一个人应该如何为从事教学工作做准备？ 如何利用技术来激发学习？

项目目标

学生们将分析教师职业发展的趋势，分析改变教育现状的政策法律，他们将从互联网、他们的学校、文章和视频中收集信息，比较与对比教育技术的进步。他们将向他们的同学（或其他人）演示他们的发现，撰写一篇关于他们的发现与学习主题的小论文，并对这一过程进行反思。

标准	针对性探究	学习活动	调查（研究）	提出建议	项目展示	写作 评估
升学和职业准备（CCR）锚定标准	一般问题 什么是教师？ 你知道哪些著名的教师？ 什么是教学制度？ 什么是教学职业？ 具体问题 认证教学：教师持证上岗需要接受怎样的教育/培训？需要进行哪些评估和测试？有哪些不同的专业？ 技术：学校使用什么类型的技术？课	可选择的活动 ↓ 1) 对话和讨论 2) 日志/日记/记录（纸质或电子） 3) 分析报告卡或成绩单的数据 4) 去其他学校实地考察	文本： 可信的第一手和第二手的信息来源，可使学习主题情境化 ↓ 可供选择的信息来源 因特网 报纸 杂志文章 教育类期刊 书籍 学校或公共图书馆 视频 电视 电影	如何改进或调整与你的学习主题相关的情况？ 任务： 1) 提出两个或多个与学习主题有关的建议 2) 运用研究证据支持你的建议 3) 解释你的建议的好处	说服： 精神（可信度） 共鸣（情感） 理性（逻辑） 表达： PEACES/ 声音传送、眼神交流、着装、自信、吸引力、简洁 项目展示的可选项 ↓ ● 音乐或歌曲 ● 戏剧或小品 ● 模拟游戏 ● 棋盘游戏	学生将写一篇关于他们学习主题的小论文。他们将回答以下问题： 1) 为什么该主题很重要（请参考普适性概念和关键问题） 2) 你研究的三个主要发现是什么？ 3) 每个发现的意义是什么？请运用你的研究证据支持你的发现。
阅读锚定标准7：从视觉效果、体量和遣词造句等方面整合和评估以不同媒体和格式呈现的内容。						
写作锚定标准6：运用包括互联网在内的技术来创作和出版作品，并与他人一起互动与合作。						
写作锚定标准7：根据重点问题开展短期和长期的研究项目，理解调查对象。						

附录B 单元计划模板及可用资源

[续表]

听说锚定标准4： 提供信息、调查结果，以及支持性证据，使听者可以理解推理的思路…… **历史/社会研究标准：** **时间和空间思维：** 学生可以把正在学习的历史重要事件、人物以时间和空间顺序进行排序。 **数学实践标准：** **数学实践4（MP4）：** 数学建模。 **数学实践5（MP5）：** 策略性地使用适当的工具。 **数学实践6（MP6）：** 注意精确。 **新一代科学教育标准（科学和工程实践）：** **实践2：** 开发和使用模型。 **实践4：** 分析和解释数据。	堂上使用什么类型的技术呢？ **制度：**学校一般有哪些教学制度？ **政策/法律：**能说出三至四条直接影响K-12教育的政策法规吗？ **拓展问题** **认证/教学：**为什么教师必须有教师资格证？ **技术：**为什么有更多的学校和地区将资金投入到对技术的开发中？ **制度：**如果学校没有教学制度，将会发生什么？ **政策/法律：**服务于学校的政策目的是什么？ **来源问题** 你如何获得信息？ 你会使用什么信息来源？ 怎样确保你的消息来源可靠？	5）在线协作[云端硬盘、电子邮件、在线协作工具、博客、微博、聊天软件和网络电话] 6）创建教育博客 7）采访教师和学生 8）制作学校制度的展板 9）创建/建造一个学校模型 10）词汇练习 11）创建时间轴 12）制作技术随着时间进步的"拼贴画" 13）制定规则	纪录片 图片 图表 统计数据数据调查 个人账户 访谈 实地考察 **研究中的"四个维度"：** 1）随时间变化的趋势 2）多角度 3）技术进步 4）预测 **可信度四步法策略** （信息来源）	*鼓励和引导学生向特定的受众提出建议	**口头：** • 小组讨论或辩论 • 录像 • PowerPoint/Prezi/Google演示文稿 • 模拟访谈或新闻发布 **视觉：** • 网站 • 海报或插画 • 视频或短片 • 统计表 **书面：** • 报告 • 简报 • 资料手册或宣传手册 • 剧本或短篇故事	**提示：** √论文遵循评价准则中的标准 √论文包括开头、中间和结尾 √论文紧扣主题 √需包括参考文献 **反思与承诺：** 1）"+1"教学法的学习体验是如何加深或提升你对主题的理解的？ 2）下次面对同一主题时，你会有什么不同的做法？ 3）你承诺会做什么以拓展这项目，并在你的学校与其他人进行分享？

247

"6+1" 教学法单元计划——音乐家

教师姓名：　　　　　　　　　　　　　　　　　　　　　　　　　　　　　　　　　　日期：

标准	大概念	普适性概念	关键问题
练习、乐器、形式、天赋、和谐、表演、音效、音符、歌词/节奏、文化、评论、家、音乐会、录音、合同、技术、经验、创意、指导、费用、职业、艺术性、竞争与创新	形式遵循结构。 科技影响音乐。 创新需要创造力。	为什么音乐被认为是一种通用语言？ 音乐是如何影响人类行为的？ 个人应该如何为从事音乐行业做准备？

项目目标

学生将识别并描述随时间变化的音乐趋势，分析音乐对人类行为产生的影响及其原因，比较和对比同时期的音乐职业。他们将从互联网、文章杂志、歌曲和视频中收集信息。学生将向他们的同学（或其他人）演示他们的发现，撰写一篇关于他们的发现和学习主题的小论文，并对这一过程进行反思。

标准	**针对性探究**	**学习活动**	**调查（研究）**	**提出建议**	**写作评估**
升学和就业准备 (CCR) 锚定标准:	**一般问题** 什么是音乐家？ 你知道哪些著名的音乐家？ 什么是形式？ 什么是职业？	可选择的活动 ↓ 1) 对话和讨论 2) 日记 / 记录 [纸质或电子] 3) 写一首歌 / 一首诗	**文本:** 可信的第一手和第二手的信息来源，使学习主题情境化。 可供选择的信息来源 ↓	如何改进或调整你的学习主题相关的情况？ **任务:** 1) 提出两个或多个学习主题有关的建议	学生将写一篇关于他们学习主题的小论文。他们将回答以下问题： 1) 为什么该主题对研究很重要（请参考关键性概念和关键问题）？
阅读锚定标准7: 从视觉效果、体量和质量等方面整合和评估句子多种媒体和格式呈现的内容。	**具体问题** **练习问题:** 一个职业每周练习多长时间？ 音乐行业都有哪些不同的职业？	4) 去音乐会或音乐博物馆考察 5) 在线协作 [云端硬盘、在线协作工具、博客、微博、聊天软件]/网络电话	因特网 报纸 杂志 / 文章 音乐类期刊 书籍 学校或公共图书馆 视频 电视 电影 纪录片	2) 运用研究证据支持你的建议 3) 解释你的建议的好处	2) 你研究的主要发现是什么？ 3) 每个发现的意义是什么？请运用你的研究证据支持你的发现。
写作锚定标准6: 运用包括互联网在内的技术来创作和出版作品，并与他人一起互动与合作。	**具体事业:** **技术:** 音乐家使用的技术都有哪些类型？			**说服:** 精神（可信度） 共鸣（情感） 理性（逻辑） **表达:** PEACES(声音传送、眼神交流、着装、自信、吸引力、简洁)	**项目展示:** PEACES(声音传送、眼神交流、着装、自信、吸引力、简洁) 项目展示的可选项 ↓ **肢体:** - 舞蹈或编曲 - 戏剧或小品 - 音乐视频 - 音乐会
写作锚定标准7: 根据重点问题开展短期和长期的研究项目，理解调查对象。					

248

[续表]

听说辨定标准4：提供信息、调查结果，以及支持性证据，使听者可以理解推理的思路……	形式：音乐有哪些不同的形式？ 文化：在不同的文化中，音乐是如何表达的？	6）创建音乐博客 7）采访音乐家 8）制作展示音乐发展的展板 9）制作一个乐器	图片 图表 统计数据/调查 个人账户 访谈 实地考察 博物馆	提示： √论文遵循评价准则中的标准 √论文包括开头、中间和结尾 √论文紧扣主题 √需包括参考文献
历史和社会研究标准：时间和空间思维：学生可以把正在学习的历史重要事件、人物创作成时间轴。	拓展问题 练习和职业：为什么音乐家需要不断练习他们的技艺？什么使音乐职业生涯变得长久？ 技术：技术如何提升音乐？技术对音乐家有什么影响？ 形式：音乐形式是如何随时间推移而变化的？ 文化：为什么当涉及音乐，一些文化比其他文化更有影响力？	10）词汇练习 11）分析一首歌的歌词 12）音乐行业的"拼画" 13）制作音乐视频 14）音乐的统计数据（销售量和受欢迎程度）	研究中的"四个维度"： 1）随时间变化的趋势 2）多角度 3）技术进步 4）预测 可信度四步法策略（信息来源）	反思与承诺 1）"+1"教学法的学习体验是如何加深或提升你对主题的理解的？ 2）下次面对同一主题时，你会有什么不同的做法？ 3）你承诺会做什么以拓展这项目，并在你的学校与其他人进行分享？
数学实践6（MP6）：注意精确。 数学实践7（MP7）：寻找并利用结构。				口头： ● 小组讨论或辩论 ● 记忆歌词 ● PowerPoint/Prezi/Google演示文稿 ● 模拟访谈或新闻报道
新一代科学教育标准（科学和工程实践）： 实践2：开发和使用模型。 实践4：分析和解释数据。	来源问题 你如何获得信息？ 你会使用什么信息来源？ 怎样确保你的消息来源可靠？			视觉： ● 网站 ● 海报或插图 ● 视频或短片 ● 制作演出服
视觉和表演艺术标准—音乐： 联系、关系及应用：将他们在音乐中学习到的东西应用到到各个学科领域的学习中，了解与音乐相关或间接关联的职业。				书面： ● 报告 ● 简报 ● 资料手册或宣传手册 ● 写一首歌

*鼓励和引导学生向特定的受众提出建议

249

Project-Based Learning Across the Disciplines

教师姓名：　　　　　　　　　"+1"教学法单元计划　　　　　　　　　日期

大概念	普适性概念		关键问题	
标准	针对性探究	学习活动	项目目标	
			调查（研究）	提出建议	项目展示	写作评估

250

附录B　单元计划模板及可用资源

教师姓名：　　　　　　　　　"+1"教学法单元计划　　　　　　　　　日期

大概念				
		普适性概念	关键问题	
		项目目标		
	学习活动	调查（研究）	提出建议	项目展示
针对性探究	可选择的活动	文本：	如何改进或调整与你的学习主题相关的情况？	说服：精神（可信度）共鸣（情感）理性（逻辑）
一般问题	1) 2) 3) 4) 5) 6) 7) 8) 9) 10)	可信的第一手和第二手的信息来源，可使学习主题情境化	任务：1) 提出两个或多个与学习主题有关的建议 2) 运用研究证据支持你的建议 3) 解释你的建议的好处	表达：PEACES(声音传达、眼神交流、着装、自信、吸引力、简洁)
具体问题		可供选择的信息来源		项目展示的可选项
拓展问题		因特网 报纸 杂志文章 期刊 书籍 学校或公共图书馆 视频 电视 电影	*鼓励和引导学生向特定的受众提出建议	肢体： ● 音乐 ● 戏剧或小品 ● 实验 ● 棋盘游戏
来源问题				
标准				写作评估
				学生将写一篇关于他们学习主题的小论文。他们将回答以下问题：1) 为什么该主题对研究很重要（请参考普适性概念和关键问题)? 2) 你研究的三个主要发现是什么？ 3) 每个发现又是运用你的研究证据支持你的发现。

[续表]

		口头：	提示：
纪录片 图片 图表 统计数据/数据调查 个人账户 访谈 观察 实地考察 博物馆 科学中心 **研究中的"四个维度"：** 1）随时间变化的趋势 2）多角度 3）技术进步 4）预测 **可信度四步法策略** （信息来源）		• 小组讨论或辩论 • 录像 • PowerPoint/Prezi/Google演示文稿 • 互动式讲座 **视觉：** • 网站 • 海报或插图 • 视频或照片 • 流程图或概念图 **书面：** • 报告 • 简报 • 资料手册或宣传手册 • 剧本或短篇小说	√论文遵循评价准则中的标准 √论文包括开头、中间和结尾 √论文紧扣主题 √需包括参考文献 **反思与承诺** 1）"4+1"教学法的学习体验是如何加深或提升你对主题的理解的？ 2）下次面对同一主题时，你会有什么不同的做法？ 3）你承诺会做什么以拓展该项目，并在你的学校与其他人进行分享？

252

附录 B 单元计划模板及可用资源

"+1" 教学法计划日历的示例

第1天 20__—__—__	第2天 20__—__—__	第3天 20__—__—__	第4天 20__—__—__	第5天 20__—__—__
计划：项目挂钩——通过视频、图片、或嘉宾演讲，找到一种吸引学生参与的创新方法。重新对照21世纪技能，运用头脑风暴收集可能进行深入探讨的主题。 **材料**：期刊（电子或纸质）、"相关"资料、21世纪技能清单、记录表格、技术支持 **所需时间**：30分钟—1小时	**计划**：重新对照项目标准、项目目标，"+1"教学法规划准则，阐明所有的问题。接下来，让学生选择一个学习主题，以是小组或是全体学生。 **材料**：附带标准和目标的讲义、评价准则、记录表格、马克笔、期刊、技术支持 **所需时间**：30分钟—1小时	**计划**：组织学生团队的学习主题。重新对照团队协议、职责以及团队角色和职责分配角色演示合作七项准则。 **材料**：合作七项准则的讲义、团队角色和职责以及团队协议、期刊、技术支持 **所需时间**：30分钟—1小时	**计划**：示范大概念、普适性概念，以及关键问题。可以让学生团队自己选择，或者让全体学生一起做，你可以为他们的选择。 **材料**：记录表格、马克笔、学生日记、附带关键问题的普适性概念的讲义、技术支持 **所需时间**：1小时（或更多时间）	**计划**：让学生分享他们的大概念、普适性概念，以及关键问题以检验学生是否理解这些知识。如果是全体学生，可以让学生创建三栏式（大概念、普适性概念、关键问题）问题。 **材料**：学生的大概念、普适性概念、关键问题、三栏式讲义、马克笔/蜡笔、技术支持 **所需时间**：30分钟—1小时

第6天 20__—__—__	第7天 20__—__—__	第8天 20__—__—__	第9天 20__—__—__	第10天 20__—__—__
计划：重新对照准则（和项目展示的选项），声音传达、眼神交流、着装、自信、吸引力、简洁（PEACES）与精神、共鸣、理性（EPL）写作评估与承诺理性以及反思与承诺准则。 **材料**：项目展示准则、写作评估准则、反思与承诺标准、技术支持 **所需时间**：30分钟—1小时	**计划**：通过使用"+1"教学法提问技巧与学生进行"提问风暴"活动，运用大概念来提出问题。活动以全体学生或学生团队形式进行。 **材料**：提问技巧讲义、记录表格、马克笔、期刊、技术支持 **所需时间**：30分钟—1小时	**计划**：选择需要研究的问题。确保所选择的问题代表了"+1"教学法提问技巧中的全部四个层次。活动团队间分享。 **材料**：提问技巧讲义、记录表格、马克笔、期刊、技术支持 **所需时间**：30分钟—1小时	**计划**：根据项目提示确定学习活动并鼓励在线协作，重新对照文本、四个维度、信度四步策略。 **材料**：文本样本、四个维度和可信度四步法策略讲义、期刊、记录表格、技术支持 **所需时间**：30分钟—1小时	**计划**：研究研究，学生进行的第一天。学生进行他们针对性探究问题的答案。学生完成当天的学习活动。 **材料**：期刊、纸质和电子文件夹、研究资料、四个维度、可信度四步法策略、技术支持 **所需时间**：1小时（或更多时间）

253

[续表]

第11天 20_-_-_	第12天 20_-_-_	第13天 20_-_-_	第14天 20_-_-_	第15天 20_-_-_
计划：研究的第二天。学生进行研究，找到他们针对探究问题的答案。学生完成另一个学习活动或拓展之前的学习活动。	计划：研究的第三天。学生进行研究，找到他们针对探究问题的答案。学生完成另一个学习活动或拓展之前的学习活动。	计划：研究的第四天。学生进行研究，找到他们针对探究问题的答案。学生完成另一个学习活动或拓展之前的学习活动。	计划：研究的第五天。如有必要，才进行研究。提出团队的建议，确定项目展示的选项，并开始规划项目展示。	计划：参考项目展示准则。提醒学生进行演讲规划时要参考PEACES与EPL策略。在学校和家中继续规划演讲。
材料：期刊、纸质或电子的文件夹、研资料、四个维度、可信度四步法策略、技术支持	材料：期刊、纸质或电子的文件夹、研资料、四个维度、可信度四步法策略、技术支持	材料：期刊、纸质电子资料、文件夹、可信度四步法策略、技术支持	材料：期刊、记录表格、研究资料的纸质或电子的文件夹、四个维度、可信度四步法策略、技术支持	材料：期刊、记录表格、研究资料的纸质或电子的文件夹、四个维度、可信度四步法策略、技术支持
所需时间：1小时（或更多时间）	所需时间：1小时（或更多时间）	所需时间：1小时（或更多时间）	所需时间：1小时（或更多时间）	所需时间：1小时（或更多时间）

第16天 20_-_-_	第17天 20_-_-_	第18天 20_-_-_	第19天 20_-_-_	第20天 20_-_-_
计划：在学校和家中继续规划演讲。学生团队应该运用项目展示准则，练习项目展示并彩排作为指导。学生选择展示的角色。	计划：在学校和家中继续规划演讲。进行彩排并使用项目展示准则作为指导。学生运用项目展示准则与EPL策略。	计划：项目展示日。学生团队先在各团队间展示，再向整个班级，或向课堂外的其他受众展示。运用项目展示准则评分。	计划：学生采用写作评估。鼓励学生使用期刊作的注释"盒子和子弹"策略、句子框架以及项目证据。	计划：学生写下他们的反思与承诺。教师（或学生）决定如何论证、庆祝项目完成。
材料：期刊、记录表格、研究资料的纸质或电子的文件夹、四个维度、可信度四步法策略、技术支持	材料：项目展示的材料（投影仪、记录表格、评价准则、笔记本电脑/数字设备/技术支持）	材料：项目展示的材料（投影仪、记录表格、评价准则、笔记本电脑/数字设备/技术支持）	材料：学生笔记/期刊、钢笔/铅笔、纸、技术支持（如果在计算机/电子设备上打字）	材料：取决于活动——记录表格、马克笔、钢笔、期刊、技术支持
所需时间：1小时（或更多时间）	所需时间：1小时（或更多时间）	所需时间：1小时（或更多时间）	所需时间：1小时（或更多时间）	所需时间：30分钟~1小时

注意：调查/研究也可以在家中进行。

附录 B　单元计划模板及可用资源

"+1" 教学法计划日历的示例

第1天 20__-__-__	第2天 20__-__-__	第3天 20__-__-__	第4天 20__-__-__	第5天 20__-__-__
计划： 材料： 所需时间：	计划： 材料： 所需时间：	计划： 材料： 所需时间：	计划： 材料： 所需时间：	计划： 材料： 所需时间：
第6天 20__-__-__	第7天 20__-__-__	第8天 20__-__-__	第9天 20__-__-__	第10天 20__-__-__
计划： 材料： 所需时间：	计划： 材料： 所需时间：	计划： 材料： 所需时间：	计划： 材料： 所需时间：	计划： 材料： 所需时间：
第11天 20__-__-__	第12天 20__-__-__	第13天 20__-__-__	第14天 20__-__-__	第15天 20__-__-__
计划： 材料： 所需时间：	计划： 材料： 所需时间：	计划： 材料： 所需时间：	计划： 材料： 所需时间：	计划： 材料： 所需时间：
第16天 20__-__-__	第17天 20__-__-__	第18天 20__-__-__	第19天 20__-__-__	第20天 20__-__-__
计划： 材料： 所需时间：	计划： 材料： 所需时间：	计划： 材料： 所需时间：	计划： 材料： 所需时间：	计划： 材料： 所需时间：

"常青藤"书系—中青文教师用书总目录

书名	书号	定价
特别推荐——从优秀到卓越系列		
从优秀教师到卓越教师：极具影响力的日常教学策略	9787515312378	33.80
从优秀教学到卓越教学：让学生专注学习的最实用教学指南	9787515324227	39.90
从优秀学校到卓越学校：他们的校长在哪些方面做得更好	9787515325637	59.90
卓越课堂管理（中国教育新闻网2015年度"影响教师的100本书"）	9787515331362	88.00
名师新经典/教育名著		
最难的问题不在考试中：先别教答案，带学生自己找到想问的事	9787515365930	48.00
在芬兰中小学课堂观摩研修的365日	9787515363608	49.00
马文·柯林斯的教育之道：通往卓越教育的路径（《中国教育报》2019年度"教师喜爱的100本书"，中国教育新闻网"影响教师的100本书"。朱永新作序，李希贵力荐）	9787515355122	49.80
如何当好一名学校中层：快速提升中层能力、成就优秀学校的31个高效策略	9787515346519	49.00
像冠军一样教学：引领学生走向卓越的62个教学诀窍	9787515343488	49.00
像冠军一样教学2：引领教师掌握62个教学诀窍的实操手册与教学资源	9787515352022	68.00
如何成为高效能教师	9787515301747	89.00
给教师的101条建议（第三版）（《中国教育报》"最佳图书"奖）	9787515342665	49.00
改善学生课堂表现的50个方法（入选《中国教育报》"影响教师的100本书"）	9787500693536	33.00
改善学生课堂表现的50个方法操作指南：小技巧获得大改变	9787515334783	39.00
美国中小学世界历史读本/世界地理读本/艺术史读本	9787515317397等	106.00
美国语文读本1-6	9787515314624等	252.70
和优秀教师一起读苏霍姆林斯基	9787500698401	27.00
快速破解60个日常教学难题	9787515339320	39.90
美国最好的中学是怎样的——让孩子成为学习高手的乐园	9787515344713	28.00
建立以学习共同体为导向的师生关系：让教育的复杂问题变得简单	9787515353449	33.80
教师成长/专业素养		
更好的沟通：如何通过训练变得更可信、更体贴、更有人脉	9787515372440	59.90
教师生存指南：即查即用的课堂策略、教学工具和课程活动	9787515370521	79.00
如何更积极地教学	9787515369594	49.00
教师的专业成长与评价性思考：专业主义如何影响和改变教育	9787515369143	49.90
精益教育与可见的学习：如何用更精简的教学实现更好的学习成果	9787515368672	59.00
教学这件事：感动几代人的教师专业成长指南	9787515367910	49.00
如何更快地变得更好：新教师90天培训计划	9787515365824	59.90
让每个孩子都发光：赋能学生成长、促进教师发展的KIPP学校教育模式	9787515366852	59.00
60秒教师专业发展指南：给教师的239个持续成长建议	9787515366739	59.90
通过积极的师生关系提升学生成绩：给教师的行动清单	9787515356877	49.00
卓越教师工具包：帮你顺利度过从教的前5年	9787515361345	49.00
可见的学习与深度学习：最大化学生的技能、意志力和兴奋感	9787515361116	45.00
学生教给我的17件重要的事：带给你爱、勇气、坚持与创意的人生课堂	9787515361208	39.80
教师如何持续学习与精进	9787515361109	39.00
从实习教师到优秀教师	9787515358673	39.90
像领袖一样教学：改变学生命运，使学生变得更好（中国教育新闻网2015年度"影响教师的100本书"）	9787515355375	49.00
你的第一年：新教师如何生存和发展	9787515351599	33.80
教师精力管理：让教师高效教学，学生自主学习	9787515349169	39.90
如何使学生成为优秀的思考者和学习者：哈佛大学教育学院课堂思考解决方案	9787515348155	49.90
反思性教学：一个已被证明能让教师做到更好的培训项目（30周年纪念版）	9787515347837	59.90
凭什么让学生服你：极具影响力的日常教育策略（中国教育新闻网2017年度"影响教师的100本书"）	9787515347554	39.90
运用积极心理学提高学生成绩（中国教育新闻网2017年度"影响教师的100本书"）	9787515345680	59.90

	书名	书号	定价
	可见的学习与思维教学：成长型思维教学的54个教学资源：教学资源版	9787515354743	36.00
★	可见的学习与思维教学：让教学对学生可见，让学习对教师可见（中国教育报2017年度"教师最喜爱的100本书"）	9787515345000	39.90
	教学是一段旅程：成长为卓越教师你一定要知道的事	9787515344478	39.00
	安奈特·布鲁肖写给教师的101首诗	9787515340982	35.00
	万人迷老师养成宝典学习指南	9787515340784	28.00
	中小学教师职业道德培训手册：师德的定义、养成与评估	9787515340777	32.00
	成为顶尖教师的10项修炼（中国教育新闻网2015年度"影响教师的100本书"）	9787515334066	49.90
★	T.E.T.教师效能训练：一个已被证明能让所有年龄学生做到最好的培训项目（30周年纪念版）（中国教育新闻网2015年度"影响教师的100本书"）	9787515332284	49.00
	教学需要打破常规：全世界最受欢迎的创意教学法（中国教育新闻网2015年度"影响教师的100本书"）	9787515331591	45.00
	给幼儿教师的100个创意：幼儿园班级设计与管理	9787515330310	39.90
	给小学教师的100个创意：发展思维能力	9787515327402	29.00
	给中学教师的100个创意：如何激发学生的天赋和特长/杰出的教学/快速改善学生课堂表现	9787515330723等	87.90
	以学生为中心的翻转教学11法	9787515328386	29.00
	如何使教师保持职业激情	9787515305868	29.00
★	如何培训高效能教师：来自全美权威教师培训项目的建议	9787515324685	39.90
	良好教学效果的12试金石：每天都需要专注的事情清单	9787515326283	29.90
★	让每个学生主动参与学习的37个技巧	9787515320526	45.00
	给教师的40堂培训课：教师学习与发展的最佳实操手册	9787515352787	39.90
	提高学生学习效率的9种教学方法	9787515310954	27.80
★	优秀教师的课堂艺术：唤醒快乐积极的教学技能手册	9787515342719	26.00
★	万人迷老师养成宝典（第2版）（入选《中国教育报》"2010年影响教师的100本书"）	9787515342702	39.00
	高效能教师的9个习惯	9787500699316	26.00
课堂教学/课堂管理			
★	如何成为一名反思型教师	9787515372754	59.90
	设计有效的教学评价与评分系统	9787515372488	49.90
	卓有成效的课堂管理	9787515372464	49.90
	如何在课堂上使用反馈和评价	9787515371719	49.90
	跨学科阅读技能训练：让学生学会通过阅读而学习	9787515372105	49.90
★	老师怎么做，学生才会听：给教师的学生行为管理指南	9787515370811	59.90
	精通式学习法：基于提高学生能力的学习方法	9787515370606	49.90
	好的教学是设计出来的：一套详细、先进、实用的卓越课堂设计和实施方案	9787515370705	49.00
	翻转课堂与差异化教学：以学生为中心的课内翻转教学法	9787515370590	49.00
	精益备课法：在课堂上少做多得的实用方法	9787515370088	49.00
	记忆教学法：利用记忆在课堂上建立深入和持久的学习	9787515370095	49.00
	动机教学法：利用学习动机科学来提高课堂上的注意力和努力	9787515370101	49.00
★	课堂上的提问逻辑：更深度、更系统地促进学生的学习与思考	9787515369983	49.90
	可见的教学影响力：系统地执行可见的学习5D深度教学	9787515369624	59.00
	极简课堂管理法：给教师的18个精进课堂管理的建议	9787515369600	49.00
★	像行为管理大师一样管理你的课堂：给教师的课堂行为管理解决方案	9787515368108	59.00
	差异化教学与个性化教学：未来多元课堂的智慧教学解决方案	9787515367095	49.90
	如何设计线上教学细节：快速提升线上课程在线率和课堂学习参与度	9787515365886	49.00
	设计型学习法：教学与学习的重新构想	9787515366982	59.00
	让学习真正在课堂上发生：基于学习状态、高度参与、课堂生态的深度教学	9787515366975	49.00
	让教师变得更好的75个方法：用更少的压力获得更快的成功	9787515365831	49.00
	技术如何改变教学：使用课堂技术创造令人兴奋的学习体验，并让学生对学习记忆深刻	9787515366661	49.00
	课堂上的问题形成技术：老师怎样做，学生才会提出好的问题	9787515366401	45.00

书名	书号	定价
翻转课堂与项目式学习	9787515365817	45.00
优秀教师一定要知道的19件事：回答教师核心素养问题，解读为什么要向优秀者看齐	9787515366630	39.00
从作业设计开始的30个创意教学法：运用互动反馈循环实现深度学习	9787515366364	59.00
基于课堂中精准理解的教学设计	9787515365909	49.00
如何创建培养自主学习者的课堂管理系统	9787515365879	49.00
如何设计深度学习的课堂：引导学生学习的176个教学工具	9787515366715	49.90
如何提高课堂创意与参与度：每个教师都可以使用的178个教学工具	9787515365763	49.90
如何激活学生思维：激励学生学习与思考的187个教学工具	9787515365770	49.90
男孩不难教：男孩学业、态度、行为问题的新解决方案	9787515364827	49.00
高度参与的线上线下融合式教学设计：极具影响力的备课、上课、练习、评价项目教学法	9787515364438	49.00
跨学科项目式教学：通过"+1"教学法进行计划、管理和评估	9787515361086	49.00
课堂上最重要的56件事	9787515360775	35.00
全脑教学与游戏教学法	9787515360690	39.00
深度教学：运用苏格拉底式提问法有效开展备课设计和课堂教学	9787515360591	49.90
一看就会的课堂设计：三个步骤快速构建完整的课堂管理体系	9787515360584	39.90
如何有效激发学生学习兴趣	9787515360577	38.00
如何解决课堂上最关键的9个问题	9787515360195	49.00
多元智能教学法：挖掘每一个学生的最大潜能	9787515359885	39.00
探究式教学：让学生学会思考的四个步骤	9787515359496	39.00
课堂提问的技术与艺术	9787515358925	49.00
如何在课堂上实现卓越的教与学	9787515358321	49.00
基于学习风格的差异化教学	9787515358437	39.90
如何在课堂上提问：好问题胜过好答案	9787515358253	39.00
高度参与的课堂：提高学生专注力的沉浸式教学	9787515357522	39.90
让学习变得有趣	9787515357782	39.00
如何利用学校网络进行项目式学习和个性化学习	9787515357591	39.90
基于问题导向的互动式、启发式与探究式课堂教学法	9787515356792	49.00
如何在课堂中使用讨论：引导学生讨论式学习的60种课堂活动	9787515357027	38.00
如何在课堂中使用差异化教学	9787515357010	39.90
如何在课堂中培养成长型思维	9787515356754	39.90
每一位教师都是领导者：重新定义教学领导力	9787515356518	39.90
教室里的1-2-3魔法教学：美国广泛使用的从学前到八年级的有效课堂纪律管理	9787515355986	39.90
如何在课堂中使用布卢姆教育目标分类法	9787515355658	39.00
如何在课堂上使用学习评估	9787515355597	39.00
7天建立行之有效的课堂管理系统：以学生为中心的分层式正面管教	9787515355269	29.90
积极课堂：如何更好地解决课堂纪律与学生的冲突	9787515354590	38.00
设计智慧课堂：培养学生一生受用的学习习惯与思维方式	9787515352770	39.00
追求学习结果的88个经典教学设计：轻松打造学生积极参与的互动课堂	9787515353524	39.00
从备课开始的100个课堂活动设计：创造积极课堂环境和学习乐趣的教师工具包	9787515353432	33.80
老师怎么教，学生才能记得住	9787515353067	48.00
多维互动式课堂管理：50个行之有效的方法助你事半功倍	9787515353395	39.80
智能课堂设计清单：帮助教师建立一套规范程序和做事方法	9787515352985	49.00
提升学生小组合作学习的56个策略：让学生变得专注、自信、会学习	9787515352954	29.90
快速处理学生行为问题的52个方法：让学生变得自律、专注、爱学习	9787515352428	39.00
王牌教学法：罗恩·克拉克学校的创意课堂	9787515352145	39.80
让学生快速融入课堂的88个趣味游戏：让上课变得新颖、紧凑、有成效	9787515351889	39.00
如何调动与激励学生：唤醒每个内在学习者（李希贵校长推荐全校教师研读）	9787515350448	39.80
合作学习技能35课：培养学生的协作能力和未来竞争力	9787515340524	59.00
基于课程标准的STEM教学设计：有趣有料有效的STEM跨学科培养教学方案	9787515349879	68.00

	书名	书号	定价
	如何设计教学细节：好课堂是设计出来的	9787515349152	39.00
	15秒课堂管理法：让上课变得有料、有趣、有秩序	9787515348490	49.00
	混合式教学：技术工具辅助教学实操手册	9787515347073	39.80
	从备课开始的50个创意教学法	9787515346618	39.00
	中学生实现成绩突破的40个引导方法	9787515345192	33.00
	给小学教师的100个简单的科学实验创意	9787515342481	39.00
	老师如何提问，学生才会思考	9787515341217	49.00
	教师如何提高学生小组合作学习效率	9787515340340	39.00
	卓越教师的200条教学策略	9787515340401	49.90
	中小学生执行力训练手册：教出高效、专注、有自信的学生	9787515335384	49.90
	从课堂开始的创客教育：培养每一位学生的创造能力	9787515342047	33.00
	提高学生学习专注力的8个方法：打造深度学习课堂	9787515333557	35.00
	改善学生学习态度的58个建议	9787515324067	36.00
★	全脑教学（中国教育新闻网2015年度"影响教师的100本书"）	9787515323169	38.00
★	全脑教学与成长型思维教学：提高学生学习力的92个课堂游戏	9787515349466	39.00
★	哈佛大学教育学院思维训练课：让学生学会思考的20个方法	9787515325101	59.90
	完美结束一堂课的35个好创意	9787515325163	28.00
	如何更好地教学：优秀教师一定要知道的事	9787515324609	49.90
	带着目的教与学	9787515323978	39.90
★	美国中小学生社会技能课程与活动（学前阶段/1-3年级/4-6年级/7-12年级）	9787515322537等	215.70
	彻底走出教学误区：开启轻松智能课堂管理的45个方法	9787515322285	28.00
	破解问题学生的行为密码：如何教好焦虑、逆反、孤僻、暴躁、早熟的学生	9787515322292	36.00
	13个教学难题解决手册	9787515320502	28.00
★	让学生爱上学习的165个课堂游戏	9787515319032	59.00
	美国学生游戏与素质训练手册：培养孩子合作、自尊、沟通、情商的103种教育游戏	9787515325156	49.00
	老师怎么说，学生才会听	9787515312057	39.00
	快乐教学：如何让学生积极与你互动（入选《中国教育报》"影响教师的100本书"）	9787500696087	29.00
★	老师怎么教，学生才会提问	9787515317410	29.00
★	快速改善课堂纪律的75个方法	9787515313665	39.90
★	教学可以很简单：高效能教师轻松教学7法	9787515314457	39.00
★	好老师可以避免的20个课堂错误（入选《中国教育报》"影响教师的100本书"）	9787500688785	39.90
	好老师应对课堂挑战的25个方法（《给教师的101条建议》作者新书）	9787500699378	25.00
★	好老师激励后进生的21个课堂技巧	9787515311838	39.80
★	开始和结束一堂课的50个好创意	9787515312071	29.80
	好老师因材施教的12个方法（美国著名教师伊莉莎白"好老师"三部曲）	9787500694847	22.00
★	如何打造高效能课堂	9787500680666	29.00
	合理有据的教师评价：课堂评估衡量学生进步	9787515330815	29.00
班主任工作/德育			
	30年班主任，我没干够（《凭什么让学生服你》姊妹篇）	9787515370569	59.00
★	北京四中8班的教育奇迹	9787515321608	36.00
★	师德教育培训手册	9787515326627	29.80
	好老师征服后进生的14堂课（美国著名教师伊莉莎白"好老师"三部曲）	9787500693819	39.90
	优秀班主任的50条建议：师德教育感动读本（《中国教育报》专题推荐）	9787515305752	23.00
学校管理/校长领导力			
★	哈佛大学教育学院学校创新管理课	9787515369389	59.90
	如何构建积极型学校	9787515368818	49.90
	卓越课堂的50个关键问题	9787515366678	39.00
	如何培育卓越教师：给学校管理者的行动清单	9787515357034	39.00
★	学校管理最重要的48件事	9787515361055	39.80
	重新设计学习和教学空间：设计利于活动、游戏、学习、创造的学习环境	9787515360447	49.90

书名	书号	定价
重新设计一所好学校：简单、合理、多样化地解构和重塑现有学习空间和学校环境	9787515356129	49.00
让樱花绽放英华	9787515355603	79.00
学校管理者平衡时间和精力的21个方法	9787515349886	29.90
校长引导中层和教师思考的50个问题	9787515349176	29.00
如何定义、评估和改变学校文化	9787515340371	49.90
优秀校长一定要做的18件事（入选《中国教育报》"2009年影响教师的100本书"）	9787515342733	39.90
学科教学/教科研		
精读三国演义20讲：读写与思辨能力提升之道	9787515369785	59.90
中学古文观止50讲：文言文阅读能力提升之道	9787515366555	59.90
完美英语备课法：用更短时间和更少材料让学生高度参与的100个课堂游戏	9787515366524	49.00
人大附中整本书阅读取胜之道：让阅读与作文双赢	9787515364636	59.90
北京四中语文课：千古文章	9787515360973	59.00
北京四中语文课：亲近经典	9787515360980	59.00
从备课开始的56个英语创意教学：快速从小白老师到名师高手	9787515359878	49.90
美国学生写作技能训练	9787515355979	39.90
《道德经》妙解、导读与分享（诵读版）	9787515351407	49.00
京沪穗江浙名校名师联手教你：如何写好中考作文	9787515356570	49.90
京沪穗江浙名校名师联手授课：如何写好高考作文	9787515356686	49.80
人大附中中考作文取胜之道	9787515345567	59.90
人大附中高考作文取胜之道	9787515320694	49.90
人大附中学生这样学语文：走近经典名著	9787515328959	49.90
四界语文（入选《中国教育报》2017年度"教师喜爱的100本书"）	9787515348483	49.00
让小学一年级孩子爱上阅读的40个方法	9787515307589	39.90
让学生爱上数学的48个游戏	9787515326207	26.00
轻松100课教会孩子阅读英文	9787515338781	88.00
情商教育/心理咨询		
如何防止校园霸凌：帮助孩子自信、有韧性和坚强成长的实用工具	9787515370156	59.90
连接课：与中小学学科课程并重的一门课	9787515370613	49.90
给大人的关于儿童青少年情绪与行为问题的应对指南	9787515366418	89.90
教师焦点解决方案：运用焦点解决方案管理学生情绪与行为	9787515369471	49.90
9节课，教你读懂孩子：妙解亲子教育、青春期教育、隔代教育难题	9787515351056	39.80
学生版盖洛普优势识别器（独一无二的优势测量工具）	9787515350387	169.00
与孩子好好说话（获"美国国家育儿出版物（NAPPA）金奖"）	9787515350370	39.80
中小学心理教师的10项修炼	9787515309347	36.00
别和青春期的孩子较劲（增订版）（入选《中国教育报》"2009年影响教师的100本书"）	9787515343075	39.90
100条让孩子胜出的社交规则	9787515327648	28.00
守护孩子安全一定要知道的17个方法	9787515326405	32.00
幼儿园/学前教育		
幼儿园室内区域活动书：107个有趣的学习游戏活动	9787515369778	59.90
幼儿园户外区域活动书：106个有趣的学习游戏活动	9787515369761	59.90
中挪学前教育合作式学习：经验·对话·反思	9787515364858	79.00
幼小衔接听读能力课	9787515364643	33.00
用蒙台梭利教育法开启0~6岁男孩潜能	9787515361222	45.00
德国幼儿的自我表达课：不是孩子爱闹情绪，是她/他想说却不会说！	9787515359458	59.00
德国幼儿教育成功的秘密：近距离体验德国学前教育理念与幼儿园日常活动安排	9787515359465	49.80
美国儿童自然拼读启蒙课：至关重要的早期阅读训练系统	9787515351933	49.80
幼儿园30个大主题活动精选：让工作更轻松的整合技巧	9787515339627	39.80
美国幼儿教育活动大百科：3-6岁儿童学习与发展指南用书 科学/艺术/健康与语言/社会	9787515324265等	600.00
蒙台梭利早期教育法：3-6岁儿童发展指南（理论版）	9787515322544	29.80
蒙台梭利儿童教育手册：3-6岁儿童发展指南（实践版）	9787515307664	33.00

	书名	书号	定价
★	自由地学习：华德福的幼儿园教育	9787515328300	49.90
	教育主张/教育视野		
	为问题提出而教：支持学生从问题走向问题解决的学习模型	9787515372716	59.90
	重新定义教育：为核心素养而教，为生存能力而学	9787515369945	59.90
	重新定义学习：如何设计未来学校与引领未来学习	9787515367484	49.90
	教育新思维：帮助孩子达成目标的实战教学法	9787515365848	49.00
★	教学是如何发生的：关于教学与教师效能的开创性研究及其实践意义	9787515370323	59.90
★	学习是如何发生的：教育心理学中的开创性研究及其实践意义	9787515366531	59.90
	父母不应该错过的犹太人育儿法	9787515365688	59.00
	如何在线教学：教师在智能教育新形态下的生存与发展	9787515365855	49.00
	正向养育：黑幼龙的慢养哲学	9787515365671	39.90
	颠覆教育的人：蒙台梭利传	9787515365572	59.90
	如何科学地帮助孩子学习：每个父母都应知道的77项教育知识	9787515368092	59.00
	学习的科学：每位教师都应知道的99项教育研究成果（升级版）	9787515368078	59.90
	学习的科学：每位教师都应知道的77项教育研究成果	9787515364094	59.00
	真实性学习：如何设计体验式、情境式、主动式的学习课堂	9787515363769	49.00
	哈佛前1%的秘密（俞敏洪、成甲、姚梅林、张梅玲推荐）	9787515363349	59.90
	基于七个习惯的自我领导力教育设计：让学校育人更有道，让学生自育更有根	9787515362809	69.00
	终身学习：让学生在未来拥有不可替代的决胜力	9787515360560	49.90
	颠覆性思维：为什么我们的阅读方式很重要	9787515360393	39.90
	如何教学生阅读与思考：每位教师都需要的阅读训练手册	9787515359472	39.90
	成长型教师：如何持续提升教师成长力、影响力与教育力	9787515368689	48.00
	教出阅读力	9787515352800	39.90
	为学生赋能：当学生自己掌控学习时，会发生什么	9787515352848	33.00
★	如何用设计思维创意教学：风靡全球的创造力培养方法	9787515352367	39.80
	如何发现孩子：实践蒙台梭利解放天性的趣味游戏	9787515325750	32.00
	如何学习：用更短的时间达到更佳效果和更好成绩	9787515349084	49.00
	教师和家长共同培养卓越学生的10个策略	9787515331355	27.00
★	如何阅读：一个已被证实的低投入高回报的学习方法	9787515346847	39.00
★	芬兰教育全球第一的秘密（钻石版）（《中国教育报》等主流媒体专题推荐）	9787515359922	59.00
	培养终身学习能力和习惯的芬兰教育：成就每一个学生，拥有适应未来的核心素养和必备技能	9787515370415	59.00
★	杰出青少年的7个习惯（精英版）	9787515342672	39.00
	杰出青少年的7个习惯（成长版）	9787515335155	29.00
★	杰出青少年的6个决定（领袖版）（全国优秀出版物奖）	9787515342658	49.90
★	7个习惯教出优秀学生（第2版）（全球畅销书《高效能人士的七个习惯》教师版）	9787515342573	39.90
	学习的科学：如何学习得更好更快（入选中国教育网2016年度"影响教师的100本书"）	9787515341767	39.80
	杰出青少年构建内心世界的5个坐标（中国青少年成长公开课）	9787515314952	59.00
	跳出教育的盒子（第2版）（美国中小学教学经典畅销书）	9787515344676	35.00
	夏烈教授给高中生的19场讲座	9787515318813	29.90
★	学习之道：美国公认经典学习书	9787515342641	39.00
★	翻转学习：如何更好地实践翻转课堂与慕课教学（中国教育新闻网2015年度"影响教师的100本书"）	9787515334837	32.00
	翻转课堂与慕课教学：一场正在到来的教育变革	9787515328232	26.00
	翻转课堂与混合式教学：互联网+时代，教育变革的最佳解决方案	9787515349022	29.80
	翻转课堂与深度学习：人工智能时代，以学生为中心的智慧教学	9787515351582	29.80
★	奇迹学校：震撼美国教育界的教学传奇（中国教育新闻网2015年度"影响教师的100本书"）	9787515327044	36.00
★	学校是一段旅程：华德福教师1-8年级教学手记	9787515327945	49.00
★	高效能人士的七个习惯（30周年纪念版）（全球畅销书）	9787515360430	79.00

您可以通过如下途径购买：
1. 书　　店：各地新华书店、教育书店。
2. 网上书店：当当网（www.dangdang.com）、天猫（zqwts.tmall.com）、京东网（www.jd.com）。
3. 团　　购：各地教育部门、学校、教师培训机构、图书馆团购，可享受特别优惠。
　　购书热线：010-65511272 / 65516873

如何成为高效能教师

作者：（美）黄绍裘　黄露丝玛丽
定价：89.00元

- 美国教师培训经典
- 一套完整的高效能教师培训系统和教师核心素养提升解决方案
- 全球销量超400万册
- 超值赠送60分钟美国专业、受欢迎的网络教学视频
- 200页网络版主题教学拓展资源

★ ★ ★

卓越课堂管理

作者：（美）黄绍裘　黄露丝玛丽
定价：88.00元

- 获中国教育新闻网2015年度"影响教师的100本书"奖
- 获2016年第25届上海市中小学、幼儿园"优秀图书"奖
- 一套高效管理课堂的完整体系，为广大教师提供50种有效的课堂管理方案
- 并示范高效能教师的6套开学管理计划，让学生通过严格执行50种教育程序获得成功。